초중등 공부 능력 키우는

교과서
공부 혁명

초중등 * 공부 능력 * 키우는

교과서 공부 혁명

윤지선 배혜림 김수린 김설훈 최유란 심훈철 지음

더디퍼런스

왜 학원을 다녀도 좋은 성적이 나오지 않을까

〈유 퀴즈 온 더 블럭〉이라는 프로그램에서 서울대학교 의대를 졸업한 의사의 인터뷰 영상을 인상 깊게 본 적이 있습니다. 그는 공부 잘하는 비법으로 '교과서'를 강조했습니다. 자녀를 키우는 부모로서, 또 학교에서 학생들을 가르치는 교사로서 귀를 쫑긋 세울 수밖에 없었지요. 그는 시험을 앞두고 교과서를 다섯 번씩 봤다고 하더군요. 어떤 내용이 교과서 몇 쪽에 있는지까지 다 기억할 정도였다고 합니다. 요즘 말로 교과서를 씹어 먹을 기세로 공부한 거죠.

학창 시절 시험 볼 때를 떠올려 보면 시험 문제의 정확한 답은 떠오르지 않지만 교과서 어딘가에서 봤던 기억에 괴로웠던 경험 하나쯤은 누구나 있을 것입니다. 삽화 자료 아래 작은 글자가 있었던 건 기억나는데 그 내용이 무엇이었지 도통 생각이 안 나는 거죠. 이유는 간단합니다. 교과서를 꼼꼼하게 보지 않았기 때문입니다. 학교 시험은 변별력을 위해 교과서 본문뿐 아니라 사진이나 삽화, 그래프 밑에 있는 설명까지 고려합니다. 그래서 꼼꼼한 교과서 공부가 얼마나 중요한지 늘 학생들에게 강조합니다.

그런데 막상 교과서는 수업 교재일 뿐 문제집에 더 집중하는 학생들을 많이 보게 됩니다. 교과서가 중요하다고 아무리 강조해도 교과서는 쉽다고 생각하고 문제집을 사서 푸는 거죠. 학부모 역시 크게 다르지 않습니다. 학교에서는 교과서로 '기본'만 배우니 추가로 더 공부할 수 있는 사교육에 눈을 돌립니다.

많은 학부모가 사교육에 더 큰 기대를 갖고 있는 것이 우리 교육 현실입니다. 사교육은 전문적인 지식, 부족한 학습에 대한 보충, 보다 나은 학습 성장을 약속하니까요. 그런데 학원을 다닌다고 항상 '좋은' 성적을 보장받지 못하는 경우가 많습니다. 왜 학원을 다녀도 좋은 성적이 나오지 않을까요?

첫째, 학원에서 배운 내용은 대부분 표면적인 지식에 초점을 맞추고 있기 때문입니다. 시험에만 치중한 학습은 단기간에 성적 향상을 보여 줄 수 있으나 근본적인 실력을 쌓기에는 부족할 수 있습니다. 이런 문제를 해결하기 위해서 아이들에게 지식을 체계적으로 이해할 수 있는 공부법을 알려 줘야 합니다.

둘째, 학원 강의는 모든 아이에게 동일한 방법으로 지식을 전달하기 때문입니다. 이는 개인의 특성과 주변 환경에 따른 차이를 간과하게 만듭니다. 그러나 학습에는 개인의 성향과 속도, 이해도가 존재하지요. 이 책에서 제시하는 것처럼 교과서 공부법을 통한 자기 주도 학습을 한 아이라면 자신의 강점과 약점을 알고 이에 맞는 전략을 세울 수 있습니다.

셋째, 사교육에는 큰돈을 지불해야 합니다. 학원비를 대느라 생활비를 줄이거나 노후 대비를 못하고 있다는 하소연은 이제 흔한 이야기입니다. 사교육에 의존하지 않고 자기 주도적으로 학교 공부에 충실했던 아이들은 입시 결과가 좋았고, 사교육에 들일 돈을 배낭여행이나 어학연수 등을 위해 사용할 수 있어 더 효과적이었다는 학부모의 후일담을 듣기도 했습니다.

넷째, 길에 낭비하는 시간이 꽤 큽니다. 학원을 오고가는 시간은 의외로 꽤나 걸리죠. 또 차량을 이용하더라도 아이들은 상당한 에너지를 소모합니다. 아이들에게 결코 좋은 학습 환경이라고 할 수 없습니다.

사실 학부모나 학생들도 사교육을 줄이고 학교 공부를 통해 실력 향상을 꿈꿉니다. 학교 현장에서 상담을 할 때 가장 많이 받는 질문도 "어떻게 하면 아이가 자기 주도적으로 공부할 수 있을까요?", "어떻게 하면 스스로 공부하는 습관을 세울 수 있을까요?"
입니다. 저희는 그 방법을 교과서에서 찾았습니다. 교사이며, 또
학부모로서 아이들이 효율적으로 학습하고 나아가 성과를 높이
는 공부법을 고민했고, 교과서로 충분히 성적을 향상시킬 수 있
는 근본적인 방법을 정리하였습니다.

이 책에서는 교과서 공부의 기본 원리와 과정을 소개하며, 실
질적인 공부법을 소개합니다. 초등과 중등, 나아가 수능으로 이
어지는 학습 로드맵을 전략적으로 구축하는 방법과 이를 통해 기
초부터 심화까지 지식 습득을 이어가는 비법을 제시합니다.

초등 부분은 국어 교육 전문가, 영재 교육 전문가, 영어 교육 전
문가인 초등 교사들이 중등까지 이어지는 학습 로드맵을 안내합
니다. 초등에서 무엇을 얼마만큼 어떻게 공부해야 하는지, 중고
등학교 공부와는 어떤 관련이 있는지를 세심하게 연구했습니다.

중등 부분은 현장 전문가이자 국어, 영어, 수학과의 전문 서적을 출간한 능력 있는 교사들이 공부 '잘하는' 아이들을 관찰하고 그들의 공부법을 정리했습니다.

이 책을 통해 사교육에 대한 의존도를 낮추고, 자기 주도적인 교과서 공부법을 통해 자신만의 학습 로드맵을 완성해 나가기를 희망합니다.

CONTENTS

프롤로그_ 왜 학원을 다녀도 좋은 성적이 나오지 않을까 • 004

1장 / 왜 교과서 공부법인가

완전한 자기 주도 학습의 중심에는 교과서가 있다 • 014

교과서는 학교 평가의 기준 • 018

독서 활동도 교과서를 중심으로 • 022

2장 / 교과서 공부법, 제대로 읽어야 진짜 실력이다

교과서는 최고의 학습 설계도 • 030

진짜 실력을 키우는 교과서 속 학습 비법 • 050

탄탄한 공부 습관을 세우는 교과서 예습과 복습 • 068

3장 / 공부의 자발성을 키우는 초등 교과서 공부법

초등 국어의 핵심 영역 및 특징 • 072

모든 과목의 성적을 좌우하는 초등 국어 학습 전략 • 093

초등 수학의 핵심 영역 및 특징 • 102

공부 자신감을 키우는 초등 수학 학습 전략 • 122

초등 영어의 핵심 영역 및 특징 • 131

기초부터 시작하는 초등 영어 학습 전략 • 140

4장 / 수능까지 준비하는 중등 교과서 공부법

중등 국어의 핵심 영역 및 특징 • 150

고등 국어 실력으로 이어지는 중등 국어 학습 전략 • 166

중등 수학의 핵심 영역 및 특징 • 178

수학 역량을 높여 주는 중등 수학 학습 전략 • 192

중등 영어의 핵심 영역 및 특징 • 200

영역별 기초를 세우는 중등 영어 학습 전략 • 218

5장 / 학부모를 위한 학습 상담소 • 230

1

초중등
공부 능력
키우는

초중등
공부 능력
키우는

왜
교과서
공부법인가

완전한
자기 주도 학습의 중심에는
교과서가 있다

예전부터 공부 잘하는 학생에게 그 비결을 물으면 마치 공식처럼 대답하는 말이 있습니다.

"학교 수업 열심히 들었고요, 교과서 위주로 공부했어요."

무언가 특별한 비법이 있을 줄 알고 귀를 쫑긋 했던 이들은 '에 이……' 하며 실망하는 기색을 감추지 않지요. 실제로 2017년 서울대학교에 입학한 학생들을 인터뷰했는데 합격 비결 1순위로 교과서를 꼽았습니다. 수능 만점자들 또한 교과서 중심으로 공부했다고 당연한 듯 이야기합니다. 상위권 학생들이 말하는 좋은 성적의 비법서가 바로 '교과서'라는 겁니다. 수능 시험에서 만점을 받았다면 학원이나 과외, 하다못해 선호하는 문제집이라도 있을 것 같은데 그 비법을 꽁꽁 숨기려는 건지 공부 잘하는 아이들 인터뷰에는 약속한 듯 교과서가 등장합니다.

그런데 교사가 되고 보니 정말 학교에서 성적 좋은 학생들은 수업을 열심히 듣고 교과서를 꼼꼼히 보는 아이들이었습니다. 물론 교과서'만' 보는 것은 아니었지만, 교과서'를' 보지 않고 성적이 좋은 학생은 단연코 없었습니다. 수많은 문제를 풀고, 학원에서 늦게까지 공부하는 아이도 시험에서 꼭 놓치는 부분이 있거든요. 분명히 교과서에 있고, 수업 시간에 설명한 내용인데도 말입니다.

다음 수학 교과서를 한번 살펴볼까요? 고등학교 1학년 수학 교과서입니다.

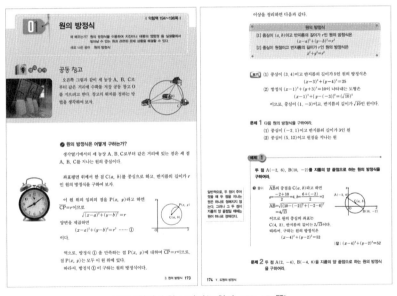

고등 1학년 수학 교과서(교학사, 173~174쪽)

원의 방정식 부분입니다. 먼저 원의 방정식을 유도하는 과정이 있습니다. 그 과정의 결론이 박스 안에 정리되어 있고요. 이를 적용한 문제가 바로 밑에 나옵니다. 그럼 같은 교과서를 보는 두 아이의 모습을 살펴볼까요?

혜정이는 박스 안에 있는 원의 방정식을 밑줄을 긋고 외웁니다. 그리고 바로 밑에 있는 문제를 해결하지요. 공식을 그대로 적용하면 되니까 공부가 빨리 끝납니다. 시간도 얼마 걸리지 않고요. 혜정이는 다른 아이들이 수학 공부를 하는 데 왜 그렇게 시간이 오래 걸리는지 이해되지 않았습니다. 하지만 시간이 지나면 혜정이는 그 공식을 잊어버렸습니다. 다른 문제를 풀 때 공식이 잘 생각나지 않아서 이 과정을 되풀이하며 공부하지만, 아무리 공부해도 성적이 잘 나오지 않았습니다. 고등학생이 된 혜정이는 매일 수학 공부에만 4시간씩 투자하지만 수학 성적은 늘 중위권입니다.

연정이 역시 박스 안에 있는 원의 방정식을 먼저 봤습니다. '왜 이런 식이 나오는 걸까?'를 고민합니다. 스스로 이해될 때까지 방정식이 나온 원리를 탐구합니다. 그리고 공부한 내용을 토대로 직접 공식을 만드는 시간도 가졌습니다. 이렇게 하면 스스로 공식을 찾을 수 있습니다. 스스로 찾기 어렵다면 교과서에 있는 유도 과정을 살펴보면서 공식을 이해할 수도 있습니다. 연정이는 당연히 혜정이에 비해 공부하는 시간이 오래 걸렸습니다. 그렇지만 시간이 지나도 공부했던 수학 공식이 기억납니다. 명확히 기억나지 않더라도 스스로 공식을 유도해 봤기에 다시 공식을 찾아낼 수 있었습니다. 고등학생이 된 연정이는 어떤 수학 문제도 크게 두렵지 않습니다. 어떻게 풀어야 할지 공식이 저절로 떠오르기 때문입니다.

두 사람의 학습 방법은 미묘하게 차이가 나지만, 고등학생 때까지 누적되면 학습 능력의 큰 차이를 가져옵니다. 연정이는 공식을 외워 문제를 해결한 것이 아니라 공식 유도 과정을 살펴봤기 때문에 시간이 지나도 공식을 기억할 수 있습니다.

문제집에는 결론에 해당하는 공식과 그 공식을 적용해서 해결하는 문제만 있습니다. 문제집은 문제를 풀어 보는 연습을 위해 만들어진 교재이니 당연합니다. 공식을 유도하는 과정은 교과서를 보아야 공부할 수 있습니다.

수학의 본질을 생각한다면 교과서를 보면서 공부하는 것이 옳습니다. 공식을 유도해 내는 과정은 교과서에서만 찾을 수 있기 때문입니다. 따라서 교과서를 제대로 볼수록 학습 효과가 좋아집니다.

교과서는
학교 평가의 기준

학교 내신 시험은 학생들이 그 단원의 학습목표에 제대로 도달했는지를 묻는 것입니다. 교과서는 각 단원의 제목, 학습목표, 학습활동이 모두 그 단원에서 배워야 할 내용과 목표를 포함하고 있습니다. 각 단원의 학습목표를 향해 가는 여정이 자세하게 설명되어 있는 교과서를 제대로 공부한다면 시험을 잘 볼 수밖에 없겠지요?

교과서는 문제집과는 접근 방식부터 다릅니다. 문제집은 다양한 문제가 난이도별로 실려 있습니다. 그에 반해 교과서는 기본 개념을 충실하게 설명합니다. 그래서 자칫 교과서가 쉽게 느껴질지 모르지만, 그렇기 때문에 교과서를 열심히 공부해야 기본 개념을 확실하게 잡고 갈 수 있습니다.

초중등 내신 시험은 문제집에서 나오는 다양한 난이도를 묻는 것이 아니라 교과서에 담긴 기본 개념을 얼마나 탄탄하게 잘 익혔는지를 확인합니다. 따라서 내신 성적의 승패가 교과서에 달려 있다고 해도 과언이 아닙니다.

또한 내신 시험 문제의 출제자는 누구지요? 바로 학교 교사입니다. 교사는 수업 시간에 교과서로 수업하고, 교과서에서 시험 문제를 냅니다. 출제자가 참고하는 자료는 문제집이 아니라 교과서라는 뜻이죠. 학교 내신 성적을 잘 받기 원한다면 그 비법서는 바로 교과서랍니다.

교과서로 성적까지 잡을 수 있는 비법을 경기도교육청에서는 4단계로 요약해서 안내하고 있습니다(출처: 교과서 활용으로 내신 잡기, 교과서 활용법).

첫째, 교과서를 반복해 읽으세요.

교과서는 최소한 4~5번 정도는 읽어야 합니다. 교과서를 볼 때는 단원별 제목과 학습목표를 먼저 봅니다. 제목과 학습목표를 보고 앞으로 이해해야 할 개념이 무엇인지를 파악하고 꼼꼼하게 읽어야 합니다. 처음 읽을 때는 이해되지 않는 부분이 있어도 그냥 넘어갑니다. 한 번에 다 이해하려 하지 말고 계속 반복해서 읽는 거예요. 이 과정이 여러 번 반복되면 신기하게 이해가 안 되는 부분이 줄어들고, 읽는 데 걸리는 시간도 줄어든답니다.

둘째, 모르는 부분을 확인하세요.

이때는 단어의 정의를 모르거나, 내용 중 이해가 되지 않았던 부분을 집중 공략합니다. 첫 번째 단계가 개념의 흐름을 파악하는 것이라면, 두 번째 단계는 개념을 보다 정확하게 숙지하는 과정입니다. 이 단계에서 핵심 내용 등에 밑줄을 긋거나 필기를 하는 것도 좋습니다.

셋째, 주요 내용을 정리하세요.

교과서를 반복해서 읽고 개념을 명확히 하는 과정에서 중요하다고 여겨졌던 내용을 나만의 방식으로 노트에 옮겨 봅니다. 직접 손으로 적는 것이 이미 정리된 자습서를 보는 것보다 학습 효과가 훨씬 큽니다.

넷째, 문제를 풀어 보세요.

교과서 안에 제시된 문제를 완벽하게 푼 뒤 자습서와 문제집, 보충 교재 등으로 학습을 이어 가는 겁니다. 공부는 '개념 이해 → 반복 학습 → 문제 풀이'의 순서로 하는데, 문제를 풀다가 막히면 다시 개념을 이해하는 첫 단계로 돌아가면 됩니다. 이렇게 공부하면 교과서를 완벽하게 공부할 수 있겠지요?

이 정도면 교과서가 학습에 반드시 필요한 지도가 맞다는 생각이 들지 않나요? 그뿐인가요. 그 내용을 잘 익혔는지 교과서에서 평가를 통해 확인까지 합니다. 이처럼 교과서는 기본 개념과 학습, 문제 풀이까지 충실하게 담고 있습니다. 따라서 어떤 학습 도구보다 기본 개념을 충실하게 익힐 수 있는 학습서는 교과서라고 단언할 수 있습니다.

독서 활동도
교과서를 중심으로

학교생활기록부가 대학 입시에서 큰 영향을 미친다는 것은 이제 잘 알려진 사실입니다. 학교생활기록부를 열심히 관리하고 있다면 독서 활동도 중요합니다. 간혹 어떤 책을 읽어야 할지 모르겠다는 학생들의 질문을 받곤 하는데, 독서 활동 역시 교과서를 중심에 두고 교과서를 깊이 있게 이해할 수 있는 책을 찾아서 읽는 것을 추천합니다. 독서 활동이 더해진다면 교과서를 완벽하게 이해하는 1석 2조의 효과를 볼 수 있습니다.

국어부터 살펴볼까요? 국어는 독서와 떼려야 뗄 수 없는 과목이죠. 우선 국어 교과서에 수록된 작품을 찾아서 읽습니다. 교과서에 수록된 작품 중 단편 소설의 경우에는 책 속에 다른 작품이 함께 수록된 경우가 많습니다. 예를 들어, 「자전거 도둑(박완서)」을 읽기 위해 책을 찾으면 책 제목은 '자전거 도둑'이지만 그 책에는 「옥상의 민들레꽃」, 「달걀은 달걀로 갚으렴」 등 박완서 작가의 다른 작품이 더 실려 있습니다. 이런 작품을 함께 읽는 겁니다. 자연스럽게 다른 작품까지 읽을 수 있겠죠.

또, 교과서에 수록된 작품은 대부분 단편 소설이라 호흡이 짧아 책을 읽는 것을 싫어하는 학생들도 집중해서 읽을 수 있습니다. 교과서 수록 작품을 읽고 그것이 재미있었다면 그 작가의 다른 작품을 찾거나 비슷한 주제의 다른 작품을 찾아 읽으며 독서 영역을 넓혀 나갈 수 있습니다.

영어도 교과서를 바탕으로 연계 작품을 찾아 읽을 수 있습니다. 영어는 국어처럼 공통된 도서 목록이 있지는 않습니다. 원글이 있다고 하더라도 교육과정에 제시된 어휘와 언어 형식으로 수정하여 교과서에 수록됩니다. 그리고 참고한 원글은 본문에 출처가 언급되어 있고요. 영어 자료를 가장 많이 찾을 수 있는 구글에서 본문 주제나 핵심어로 검색하면 실제 영어 환경에서 쓰이는 읽기 자료도 얻을 수 있습니다.

국어나 영어에서는 과목과 관련된 독서 활동이 익숙하게 느껴지지만, 수학은 관련 책을 읽는 것에 대해서 생소하게 느끼는 학생도 많을 것 같습니다. 축구를 잘하기 위해서는 체력을 키우고, 축구 기술을 연습하고, 전략을 세우는 것이 가장 빠르게 좋은 결과를 만드는 방법입니다. 축구의 역사나 여러 나라의 선수들에 대해 아는 것이 축구를 잘하게 해 주지는 못하니까요. 하지만 축구를 진정으로 좋아한다면 축구에 대한 모든 것을 알고 싶어서 축구 관련 이야기를 찾아볼 겁니다. 물론 그 과정에서 축구에 대한 마음이 더 커지겠지요.

수학을 좀 더 편안하고 재미있게 느끼고 싶다면 교과서나 문제집을 푸는 것에서 더 나아가길 권합니다. 교과서에 나오는 수학 개념이 어떤 과정으로 만들어졌고, 왜 만들어졌는지에 대한 배경을 안다면 어렵게만 느껴졌던 수학 개념에 대한 관점이 달라집니다. 이것이 수학 관련 책을 읽으면서 얻을 수 있는 효과입니다. 수학 교과서를 살펴보면 한 단원이 시작하거나 끝나는 부분에 그 단원의 개념과 관련된 이야기가 나와 있습니다. 해당 내용 밑에 출처가 적혀 있어서 수학 교과서에 실려 있는 내용을 토대로 더 깊은 내용을 만날 수 있을 겁니다.

국어, 영어, 수학뿐만이 아닙니다. 과학과 사회도 독서 활동이 많이 필요한 과목입니다. 학년별 교육과정에 맞추어 책을 선택해서 읽는다면 보다 폭넓은 교과 공부를 할 수 있습니다.

다음은 교과서에 수록되거나 교육과정과 관련된 내용의 도서 목록입니다. 6명의 현직 교사가 함께 머리를 맞대어 선정했습니다. 영어는 교과 주제와 관련된 원서로 학교급과 학년 구분 없이 선정했습니다. 교과서를 예습하거나 복습할 때 참고하면 더욱 좋습니다.

초등학교 도서 목록

	제목
초1	• 꿀 독에 빠진 여우(안선모, 보물창고) • 아가 입은 앵두(서정숙, 보물창고) • 라면 맛있게 먹는 법(권오삼, 문학동네) • 괜찮아, 우리 모두 처음이야 (이주희, 개암나무) • 말놀이 동요집(최승호 작사·방시혁 작곡, 비룡소)
초2	• 종이 봉지 공주(로버트 문치, 비룡소) • 짝 바꾸는 날(이일숙, 도토리숲) • 꼴찌라도 괜찮아!(유계영, 휴이넘) • 7년 동안의 잠(박완서, 작가정신) • 아홉 살 마음 사전(박성우, 창비)
초3	• 명절 속에 숨은 우리 과학(오주영, 시공주니어) • 바삭바삭 갈매기(전민걸, 한림출판사) • 만복이네 떡집(김리리, 비룡소) • 리디아의 정원 (사라 스튜어트, 시공주니어) • 프린들 주세요(앤드루 클레먼츠, 사계절출판사)
초4	• 오세암(정채봉, 창비) • 알고 보니 내 생활이 다 과학(김해보·정원선, 예림당) • 세종 대왕, 세계 최고의 문자를 발명하다(이은서, 보물창고) • 경제의 핏줄, 화폐(김성호, 미래아이) • 사라, 버스를 타다(윌리엄 밀러, 사계절)
초5	• 마음의 온도는 몇 도일까요?(정여민, 주니어김영사) • 니 꿈은 뭐이가? (박은정, 웅진주니어) • 여행자를 위한 나의 문화유산 답사기(유홍준, 창비) • 악플 전쟁(이규희, 별숲) • 잘못 뽑은 반장(이은재, 주니어김영사)
초6	• 속담 하나 이야기 하나(임덕연, 산하) • 아버지의 편지(정약용, 함께읽는책) • 조선 왕실의 보물, 의궤(유지현, 토토북) • 나는 비단길로 간다(이현, 푸른숲주니어) • 우주 호텔(유순희, 해와나무)

중학교 도서 목록

	과목	제목
중1	국어	• 살아온 기적 살아갈 기적(장영희, 샘터) • 문학 시간에 옛글 읽기 (전국국어교사모임, 휴머니스트) • 옥상의 민들레꽃(박완서, 미래엔아이세움) • 까대기(이종철, 보리) • 모두 깜언(김중미, 창비) • 완득이(김려령, 창비)
	수학	• 수학특성화중학교(이윤원·김주희, 뜨인돌) • 이런 수학은 처음이야(최영기, 21세기북스) • 새빨간 거짓말, 통계(대럴 허프, 청년정신) • 수학비타민 플러스UP(박경미, 김영사) • 흥미 있는 수학 이야기(이만근 외, 수학사랑)
	기타	• 맛있고 간편한 과학 도시락(김정훈, 은행나무) • 왜 동물원이 문제일까?(전채은, 반니) • 행복한 고물상(이철환, 랜덤하우스)
중2	국어	• 국어 시간에 소설 읽기(전국국어교사모임, 휴머니스트) • 가난한 사랑 노래(신경림, 실천문학사) • 꼴찌에게 보내는 갈채(박완서, 세계사) • 자전거 여행(김훈, 문학동네) • 문제는 타이밍이야! (정해윤, 실천문학사) • 왜요, 그 말이 어때서요?(김청연, 동녘) • 방관자(제임스 프렐러, 미래인) • 기억 전달자(로이스 로리, 비룡소)
	수학	• 나는 수학으로 세상을 읽는다(롭 이스터웨이, 반니) • 이토록 아름다운 수학이라면(최영기, 21세기북스) • 수학의 유혹(강석진, 문학동네) • 교과서를 만든 수학자들(김화영, 글담) • 멋진 세상을 만든 수학(이광연, 문학동네)
	기타	• 미술에 대해 알고 싶은 모든 것들(이명옥, 다빈치) • 선생님과 함께 읽는 뫼비우스의 띠(전국국어교사모임, 휴머니스트) • 공정무역, 세상을 바꾸는 아름다운 거래(박창순 외, 시대의창)
중3	국어	• 길모퉁이에서 만난 사람들(양귀자, 쓰다) • 내 영혼이 한 뼘 더 자라던 날(김훈 외, 엠블라) • 가만히 들여다보면(윤동주 외, 문학과지성사) • 10대를 위한 나의 첫 소설 쓰기 수업(문부일, 다른) • 십 대 밑바닥 노동(이수정 외 5인, 교육공동체벗) • 훌훌(문경민, 문학동네) • 너만 모르는 진실(김하연, 특별한서재)
	수학	• 박사가 사랑한 수식(오가와 요코, 현대문학) • 파이 미로(김상미, 궁리) • 이상한 수학책(벤 올린, 북라이프) • 기호와 공식이 없는 수학 카페(박영훈, 휴머니스트)
	기타	• 고구려에서 만난 우리 역사(전호태, 한림출판사) • 미술관에 간 화학자(전창림, 어바웃어북)

고등학교 도서 목록

과목	제목
국어	• 나는 어떤 삶을 살아야 할까?(홍세화 외, 철수와영희) • 이렇게 재미있는 책이라면(박현희, 북하우스) • 사회 교과서를 삼킨 인문학(이남석, 라임) • 국어 실력이 밥 먹여준다(김경원 외, 유토피아) • 문학 시간에 소설 읽기(전국국어교사모임, 휴머니스트) • 땀 흘리는 소설(김혜진 외 7명, 창비교육) • 문학으로 읽는 나의 인권감수성(김경민, 지식의날개) • 연을 쫓는 아이(할레드 호세이니, 현대문학) • 소설에서 만난 사회학(조주은·박한경, 경북대학교출판부)
수학	• 천재들의 수학 노트(박부성, 향연) • 수학의 모험(이진경, 생각을말하다) • 피타고라스 생각 수업(이광연, 유노라이프) • 적분이 콩나물 사는 데 무슨 도움이 돼?(쑹쌤·정담, 루비페이퍼) • 미적분으로 바라본 하루(오스카 E. 페르난데스, 프리렉) • 미술관에 간 수학자(이광연, 어바웃어북)
기타	• 철학 콘서트(황광우, 생각정원) • 하늘에 새긴 우리 역사(박창범, 김영사) • 달력과 권력(이정모, 부키) • 고맙다 잡초야(황대권, 도솔) • 일상에서 지리를 만나다(이경한, 푸른길) • 과학콘서트(정재승, 어크로스) • 공정하다는 착각(마이클 샌델, 와이즈베리) • 지리의 쓸모(전국지리교사모임, 한빛라이프)

영어 추천 도서 목록

과목	제목
그림책	• The Great Big Book of Feelings(Mary Hoffman, Frances Lincoln Childrens Books) • When Sophie Gets Angry–Really Really Angry(Molly Bang, Scholastic) • 10 Things I Can Do to Help My World(Melanie Walsh, Walker Books) • Where the Wild Things Are(Maurice Sendak, Harper Trophy) • Piggybook(Anthony Browne, lfred A. Knopf) • Thank You, Mr. Falker(Patricia Polacco, Philomel Books)
소설	• How to steal a dog(Barbara O'Connor) • A Single Shard(Linda Sue Park) • The Giver(Lois Lowry) • Frindle(Andrew Clements) • Small Steps(Louis Sachar) • Tuesdays with Morrie(Mitch Albom) • To Kill a Mockingbird(Harper Lee) • The Curious Incident of the Dog in the Night-Time(Mark Haddon)

2

초중등
공부 능력
키우는

교과서
공부 혁명

교과서 공부법,
제대로 읽어야
진짜
실력이다

교과서는
최고의 학습 설계도

교과서는 대한민국의 교육 전문가 집단이 심혈을 기울여 만든 가장 좋은 교재입니다. 효율적으로 공부할 수 있게 편집되어 있고, 각 단원의 개요를 보기 쉽게 정리해 놓았지요. 매 학년에서 반드시 알아야 할 학습목표를 명확히 제시해서 각 단원에서 무엇에 집중하며 공부해야 하는지를 확실하게 보여 줍니다.

아무런 안내 없이 길을 찾아가는 것보다 지도가 있다면 목적지를 향해 나아가기가 훨씬 수월합니다. 공부할 때도 마찬가지입니다. 혼자서 공부를 하면서 꼭 알아야 할 내용을 찾아나가는 것보다 정해진 목표에 맞춘 학습 설계도를 갖고 있으면 공부 효율이 훨씬 높아지겠지요.

교과서에는 핵심 개념과 그 개념이 등장한 배경이 안내되어 있습니다. 단원마다 꼭 알아야 할 내용인 학습목표도 제시되어 있습니다. 초등 교과서뿐 아니라 중등 교과서도 마찬가지입니다. 그래서 교과서에 있는 목차나 구성만 보고도 그 학년과 해당 과목의 교육과정을 한눈에 알 수 있습니다. 게다가 교과서에는 언제, 무엇을, 어떻게 공부해야 하는지 자세히 안내되어 있어 가정에서 자녀의 학습을 지도하는 학부모에게도 큰 도움이 됩니다.

초등 국어 교과서의 구성

✽

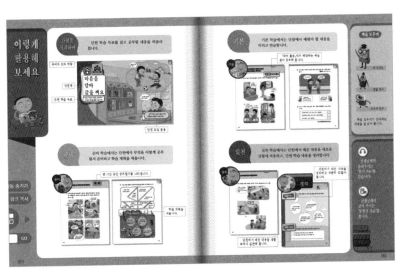

초등 3학년 2학기 국어(나) 교과서(미래엔, 160쪽)

초등 3학년 국어 교과서를 살펴볼까요? 맨 처음에 '이렇게 활용해 보세요'라는 항목이 등장합니다. 단원 소개를 하는 부분인데, 이 부분을 잘 보면 학습 계획을 세우는 데 필요한 중요한 방향을 잡을 수 있습니다.

단원은 '단원명'과 '단원의 학습목표', '단원 도입 물음'으로 시작합니다. 보통 초등 국어 한 단원은 10차시 안팎으로 수업이 진행되는데, 한 차시 동안 뭘 공부해야 하는지 학습목표와 가장 중요한 질문을 담고 있습니다. 예를 들어, 「6. 마음을 담아 글을 써요」에서는 '읽을 사람의 마음을 고려하며 자신의 생각을 글로 써 봅시다.'가 핵심 목표이고, '친구에게 자신의 마음을 어떤 방법으로 전할 수 있을까?'가 핵심 질문이 됩니다. 이 단원에서는 '마음을 전하는 효과적인 방법'으로 '글을 쓰는 활동이 중요하다'는 것을 말합니다.

바로 이 부분이 단원의 학습 설계입니다. 첫째, 마음을 전하는 효과적인 방법을 알고 둘째, 효과적인 방법으로 글쓰기를 설계하면 된다는 뜻이지요.

평소에 자기 주도적으로 공부하는 소빈이는 매 시간 배움 공책을 열심히 씁니다. 시키지 않아도 배움 공책 상단에 단원명과 학습목표, 핵심 질문을 야무지게 써 놓았더라고요. 이유를 묻자 "저희 부모님은 여행 출발 전에 늘 내비게이션에 목적지를 입력하시거든요. 그리고 내비게이션이 알려 준 가장 빠른 길을 따라 운전하세요. 길을 나설 때 목적지가 어디인지 모르고 가는 사람은 없잖아요. 긴 마라톤도 결국 골인 지점을 알고 달리는 거고요. 이렇게 배움 공책을 쓰면 제가 배우는 게 무엇인지, 어떤 목표를 향해 가는지 한눈에 보이더라고요."라고 하더군요.

자기 주도적으로 학습하는 아이들은 이렇게 큰 그림을 그린 후 수업에 임합니다. 이 과정을 통해 학습 준비-기본-실천 단계를 자연스럽게 터득하는 거죠. 국어 교과서 역시 준비-기본-실천 단계로 구성되어 있습니다.

- **준비 단계**: 학습 계획을 세운다.
- **기본 단계**: 배워야 할 내용을 익히고 연습한다.
- **실천 단계**: 단원에서 배운 내용을 새로운 상황에 적용하고, 단원 학습 내용을 정리한다.

많은 학생들이 국어가 어렵다고 이야기합니다. 도대체 어떻게 공부해야 할지 모르겠다고요. 교과서의 구성을 살펴보니 이제 공부의 방향이 잡히나요? 국어 교과서의 순서만 따라가도 국어의 큰 그림을 그리면서 학습할 수 있기 때문입니다.

초등 수학 교과서의 구성

*

초등 수학 교과서 역시 시작-전개-마무리의 3단계로 이루어져 있습니다.

'시작' 차시 부분은 새로운 단원에 들어갈 때 아이들의 흥미와 호기심을 불러일으키는 내용으로 구성되어 있습니다. 짧은 만화와 이야기로 구성되어 있기도 해서 자연스럽게 수학의 세계로 초대합니다.

'전개' 차시의 도입 부분은 학습할 내용입니다. 재미있는 이야기나 실생활 속에서 쉽게 찾을 수 있는 예를 이용해서 수학 개념을 설명하는 부분입니다. 생활 속에서 배울 수 있는 수학 이야기를 들으며 친근하게 느낄 수 있답니다.

그럼 초등 4학년 1학기 「2. 각도」 단원을 볼까요? 주변에 있는 사물의 각을 가지고 이해하는 게 목표입니다. 이어서 예각과 둔각에 대한 개념 설명이 나옵니다. 예각과 둔각의 뜻을 외우기만 하면 될까요? 아닙니다. 우리 주변에 있는 사물 중에서 찾을 수 있어야 합니다. 수학은 실생활과 밀접한 과목입니다. 실생활과 연결할 수 있어야 수학을 좋아하고 즐길 수 있습니다. 그러지 못하면 교과서에 갇혀 있는 공부가 되겠죠. 개념 학습을 충분히 한 다음 문제를 풀어야 합니다.

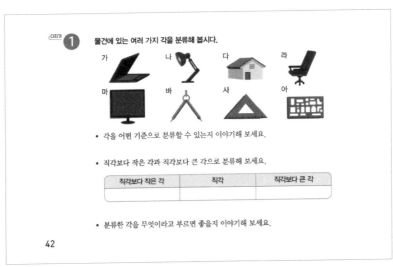

초등 4학년 1학기 수학 교과서(천재교과서, 42쪽)

교과서 문제를 볼까요? 직각보다 작은 각, 직각, 직각보다 큰 각으로 분류하는 문제입니다. 이를 통해 예각, 둔각이 직각을 기준으로 크거나 작은 각이라는 개념을 배웁니다.

다음으로 게임을 통해서 배운 내용을 정리하는 활동이 나옵니다. 이 부분을 공부할 때 아이들이 가장 즐거워합니다. 교사는 게임을 어떻게 하는지 규칙을 설명하고, 그 뒤 아이들이 주도적으로 활동을 이끌어 갑니다. 아이들은 게임을 하면서 앞에서 배웠던 내용을 자연스럽게 정리합니다. 또 게임에서 이기기 위해 전략도 짭니다. 활동을 하면서 내가 아는 내용과 모르는 내용을 파악합니다. 이를 통해 수학적 메타인지를 키울 수 있습니다. 능동적으로 공부해야 기억에도 오래 남거든요.

초등 4학년 1학기 수학 교과서(천재교과서, 28~29쪽)

이 활동을 할 때 곁에서 면밀히 관찰하면 단원의 성취 기준에 얼마만큼 도달했는지 확인할 수 있습니다. 게임 형식으로 되어 있어서 재미가 첫 번째 목표처럼 보이지만 그렇지 않습니다. 개념을 정확하게 파악하고 있는 상위권 아이들이 잘합니다. 단원의 성취 기준에 도달하지 못했다면 교과서 앞으로 돌아가서 기본 개념을 다시 공부하고 넘어가야 합니다.

수학의 즐거움을 느끼지 못했던 아이도 이 활동을 하다 보면 '수학을 이렇게 재미있게 즐길 수 있구나.' 하는 생각이 저절로

듭니다. 아이가 수학을 좋아하지 않는다면 수학 공부를 할 때 부모가 함께 해 보길 권합니다. 가족과 함께 하면 더 즐거워하고, 수학 공부가 더 이상 지루하거나 어려운 것이 아님을 깨닫게 될 것입니다.

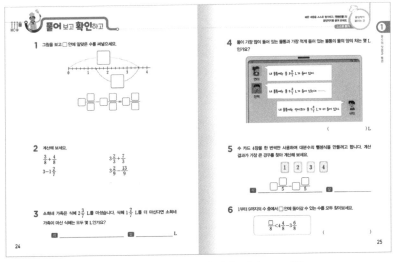

초등 4학년 2학기 수학 교과서(천재교과서, 24~25쪽)

'마무리' 차시 부분에는 그 단원에서 배웠던 내용을 문제 풀이를 통해 정리합니다. 교과서 공부법의 핵심이 여기에 있다고도 할 수 있습니다. 기본 개념을 묻는 문제부터 왜 그렇게 생각하는지 이유를 써야 하는 문제까지 난이도가 다양합니다. 마무리 차시의 문제를 풀면서 문제 해결 방법, 수학적 사실 추측, 논리적으로 분석하는 능력까지 기를 수 있습니다. 단원 마무리 문제를 풀다가 모르는 개념이 있어서 풀 수 없거나 어렵다면 기본 개념 학습으로 돌아가서 보충 학습을 해야 합니다. 이렇게 하면 그 단원의 학습목표에 도달할 수 있습니다.

초등 영어 교과서의 구성

*

초등 3학년부터 영어를 배우기 시작합니다. 물론 영어유치원을 졸업하거나 가정에서 엄마표 영어를 공부한 아이들은 좀 더 빨리 영어를 접하게 되겠지만요. 그럼 초등 3학년 때 우리 아이의 영어 수준은 어느 정도나 되어야 할까요? 해답은 교과서에 숨어 있습니다.

전국의 모든 학생이 같은 교과서를 사용하는 국어와 달리 영어는 각 학교에서 선택한 교과서로 수업을 하고 있습니다. 하지만 모든 출판사에서 첫 단원은 내가 누구인지를 설명하는 표현을 다루고 있습니다. 그리고 주변 사물이 무엇인지 나를 기준으로 시선을 확장해 실생활에서 주로 사용하는 표현을 제시합니다.

교과서를 보면 '알파벳도 모르는데 어떻게 저런 문장을 아이들

초등 3학년 영어 교과서 5종 출판사 단원명 비교

대교	❶Hello, I'm Jinu ❷What's This? ❸Stand Up, Please ❹It's Big ❺How Many Carrots? ❻I like chicken ❼I Have a Pencil ❽I'm Ten Years Old ❾What Color Is it? ❿Can You Skate? ⓫It's Snowing
천재	❶Hello ❷Oh, It's a Ball ❸Sit Down, Please ❹How Many Apples? ❺I Have a Pencil ❻What Color Is It? ❼I Like Chicken ❽It's Very Tall! ❾I Can Swim ❿She's My Mom ⓫Look! It's Snowing
YBM(김)	❶Hello, I'm Tibo ❷What's This? ❸Sit Down, Please ❹Do You Like Pizza? ❺How Are You? ❻Can You Swim? ❼How Many Lions? ❽What Color Is It? ❾Let's Jump ❿Do You Have Any Crayons? ⓫How Old Are You? ⓬Don't Run, Please ⓭How's the Weather?
YBM(최)	❶Hi, I'm Sena ❷What's This? ❸Open the Box, Please ❹Do You Like Apples? ❺How Many Dogs? ❻Do You Have a Ruler? ❼Can You Swim? ❽Don't Run, Please ❾Who Is He? ❿What Color Is It? ⓫How Old Are You? ⓬How's the Weather?
동아	❶Hello, I'm Jimin ❷What's This? ❸Sit Down, Please ❹Is It a Bear? ❺I Like Pizza ❻How Many Carrots? ❼I Can Swim ❽Do You Have a Bike? ❾I'm Happy ❿She's My Mom ⓫What Color Is It? ⓬How's the Weather?

이 따라 읽지?', '미리 영어 공부를 해야 따라갈 수 있는 거 아닌가?' 하는 생각이 들 겁니다. 그런데 초등 영어는 모국어 습득 방식으로 영어를 가르치는 것이 목표입니다.

예를 들어 볼까요? 이제 막 말을 배우는 아이는 "엄마 맘마!"라고 하죠. 아이가 문장을 만들지 않아도 엄마는 아이가 무엇을 말하는지 압니다. 언어라는 것이 꼭 문장을 만들어야 의사소통

이 되는 건 아니니까요. 하지만 엄마는 "배가 고프구나. '엄마 맘마 주세요.' 해 봐!" 하고 문장으로 한 번 더 이야기를 해 줍니다. 이렇게 엄마가 말하는 확장된 문장을 통해 아이는 어떻게 말해야 하는지 조금씩 배우게 됩니다. "'주세요'는 무엇을 달라고 할 때 하는 말이야."라고 설명하지 않더라도 말이죠.

실제로 초등 3학년 교과서에 제시된 'What's this?'라는 문장을 생각해 볼까요? 혹시 학창 시절에 배운 what과 is, this라는 단어의 조합으로 '이것은 무엇입니까?'라고 해석하나요? 아마도 이쯤은 해석하지 않아도 이미 체화되어 있을 겁니다. 수업에서 이 문장을 지도할 때 "what은 의문문을 만들 때 쓰는 '무엇'이라는 뜻이야. is는 be동사지. this는 '이것'이라는 뜻이란다. 그래서 'What's this?'는 '이것은 무엇이니?'라는 뜻이야."라고 가르치지 않습니다. 그냥 'What's this?'를 듣고 말하고 노래 부르며 반복하여 가르칩니다. 실제 외국인을 만났을 때 우리가 얼음이 되는 이유는 머릿속에서 어떻게 말해야 할지 구상하느라 입으로 말이 튀어나오지 않기 때문입니다. 그냥 내 주위의 사물이 궁금해서 물어볼 때는 본능적으로 'What's this?'입니다.

'엄마'를 말하지 못하는 아이에게 엄마는 눈을 맞추며 '엄마'를 수백, 수천 번 말해 줍니다. 그러니까 W, H, A, T의 알파벳을 읽지 못해도 괜찮습니다. 엄마를 배울 때 'ㅇ, ㅓ, ㅁ, ㅁ, ㅏ'라고 가르치지 않는 것과 같죠. 그저 반복할 뿐입니다. 반복하다 보면 어느새 아이는 '엄마'를 자연스럽게 말하게 됩니다. 'What's this?'도 마찬가지예요.

아이와 즐겁게 영어 공부를 시작하고 싶다면 단어 외우기부터 시작하지 말고, 교과서를 펴고 각 단원의 제목을 반복해서 읽고 말하는 걸 추천합니다.

초등 3학년 영어 교과서 단원 구성표(YBM)

부모 세대와 달리 아이는 문장을 통으로 사용하면서 비슷한 상황에서 언제든 패턴화된 문장을 떠올리며 말합니다.

초등 3학년 영어 교과서 단원 구성표를 보면 보고, 듣고, 읽고, 쓰고, 노래 부르고, 함께 게임을 합니다. 아래쪽 빈칸은 역할 놀이가 될 수도 있고, 오늘 배운 문장으로 친구와 대화해 보기가 될 수도 있습니다. 아이가 스스로 자신의 수업을 구상해 구성할 수 있는 거죠.

한 단원이 4~6차시가 된다면 그 시간 동안 한 문장을 정말 다양하게 반복하고 또 반복합니다. 초등 1차시가 40분이라는 걸 생각하면 4차시는 160분입니다. 한 문장을 2시간 40분 동안 끊임없이 반복하면 WHAT이 무슨 뜻인지보다 'What's this?'는 근처에 있는 물건을 물어볼 때 사용하는 말이라는 걸 자연스럽게 체득하게 됩니다.

중등 국어 교과서의 구성

*

중등 교과서는 대부분 한 권을 1~2년 동안 배웁니다. 그런데 국어 교과서의 구성은 좀 다릅니다. 매 학년마다 1, 2학기 교과서가 분리되어 2권으로 구성되어 있거든요. 교과서를 살펴보면 학기마다 4개의 단원을 배우는데 국어의 다섯 영역이 각 단원에 담겨 있습니다. 그러다 보니 국어를 공부할 때는 수학이나 영어처럼 순서대로 공부할 필요가 없습니다. 학년이 올라가면서 내용이 심화되기는 하지만 단원끼리 연계되지는 않기 때문이죠. 그래서 어떤 단원을 먼저 배워도 문제없습니다.

그러면 교과서가 어떻게 구성되는지 살펴볼까요? 새 단원을 시작하기 전에 학습목표와 흥미를 유발하는 활동이 제시되고, 그 다음으로 본 수업 작품을 공부합니다. 이 작품을 바탕으로 학습목표와 연계한 학습활동을 하고 나면 학습목표를 제대로 학습했는지 확인하는 활동까지 이루어집니다. 한 단원 안에서 교과서 내용을 충분히 파악할 수 있게 기승전결이 이루어지는 겁니다.

그 자체를 학습하는 다른 과목과 다르게 국어 공부를 통해 도달하고자 하는 목적은 차이가 있습니다. 국어는 교과목 그 자체가 아니라 다른 과목을 공부하기 위한 도구 교과라서 그렇습니다.

중등 수학 교과서의 구성

✽

중등 수학 교과서 구성은 초등의 3단계와 비슷합니다. 하나의 개념에 대해 '생각 열기-개념 정리-문제 적용'의 3단계로 구성되어 있습니다.

중등 수학 교과서는 유도 과정으로 공식을 이끌어 낸 다음 공식을 정리하고, 이 공식을 적용하여 문제를 해결하도록 구성되어 있습니다. 그런데 공부하는 모습을 지켜보면 많은 아이들이 무조

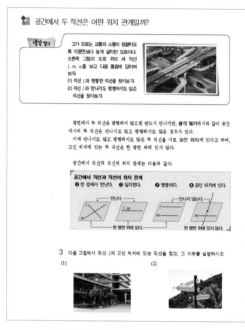

중등 1학년 수학 교과서(교학사, 158쪽)

건 공식을 외운 다음 이를 적용해서 문제를 푸는 것에 중점을 둡니다. 흔히 수학 점수를 잘 받으려면 문제를 많이 푸는 일명 '양치기'를 해야 한다고 생각하는 경우가 많지요. 그래서 공식이 등장하기 전의 유도 과정은 자세히 살펴보지 않습니다.

절대 그렇게 공부해선 안 됩니다. 초등 수학도 마찬가지였지만 우선 교과서를 펼치고 공식이 나온 유도 과정을 공부해야 합니다. 다음으로 아이가 스스로 유도 과정을 설명할 수 있어야 합니다. 바로 유도하기 어렵다면 처음에는 교과서를 가볍게 훑어보고, 그다음에 스스로 유도해 보고 교과서와 비교하면서 자신의 생각을 판단하는 것도 좋습니다. 그런 방식으로 공식을 유도할 수 있다면 문제가 다양한 형태로 응용되어도 풀 수 있습니다.

시험 기간이 되면 "선생님, 시험은 다가오는데 도대체 뭐부터 해야 할지 모르겠어요. 문제집을 풀면 어려운 문제들만 있어서 불안해요."라고 말하는 아이들이 많습니다. 그 아이들이 시험 기간 수학을 공부하는 모습을 살펴보면 평소 문제집을 풀면서 틀리거나 몰라서 체크했던 문제들을 다시 공부하는 경우가 많습니다. 문제는 그 문제가 전부 자신에게 어려운 문제라는 거죠. 시험이 다가올수록 그런 문제를 공부하기 때문에 마음이 더 불안해집니다. 이럴 때는 풀고 있던 문제집을 덮고 수학 교과서를 다시 펼쳐야 합니다. 시험 범위에 해당하는 부분을 찬찬히 다시 읽는 겁니다.

아이들에게 교과서를 보라고 하면 교과서에 있는 문제는 이미 다 풀었다고 말합니다. 교과서를 보라는 건 그런 뜻이 아닙니다. 교과서에 있는 문제를 다 푼 것에서 끝내지 말고, 의미를 생각하면서 처음부터 끝까지 모든 글자를 하나씩 다 읽어 보라는 뜻입니다. 이렇게 하는 이유는 계속 문제만 풀면 정말 중요한 핵심 개념을 놓치는 경우가 많기 때문입니다. 교사가 시험 문제를 출제할 때는 그 단원에서 꼭 알아야 할 개념을 중심으로 문제를 만듭니다. 교과서에 나오는 개념에서 벗어나지 않게 말이지요. 그러니 공부의 처음이자 마무리 단계에서는 꼭 교과서와 함께해야 합니다.

중등 영어 교과서의 구성

*

중등 영어 교과서는 무엇부터 보는 것이 좋을까요? 중등 영어 교과서에는 '교수요목(syllabus)'이 있습니다. 교수요목이란 학습할 내용, 교과 내용의 개요를 간략하게 정리한 것입니다. 이 부분을 훑어보면 수업 시간에 무엇을 배우는지 한눈에 알 수 있습니다. 또 단원별로 익혀야 할 의사소통 표현, 본문의 주제, 문법뿐 아니라 다른 과목과 연관된 내용도 알 수 있습니다.

중등 영어를 잘하기 위해서는 기본적인 의사소통을 위한 문장 패턴과 문법을 공부하는 것이 중요합니다. 내신 시험에서도 그 부분이 중점적으로 나옵니다. 교수요목에 그 내용이 정리되어 있으니 교수요목을 보는 것만으로도 단원별로 중요한 내용과 시험에 나올 내용까지 한눈에 볼 수 있습니다.

중등은 일 년 동안 8개 단원을 배웁니다. 1학기와 2학기에 지필평가를 두 번씩 본다면 한 번의 시험을 볼 때 두 단원씩 시험을 볼 가능성이 높겠죠? 1학기 중간고사를 본다면 1, 2단원이 시험 범위가 되니 1, 2단원의 교수요목을 보면 됩니다. 수업 시간에도 이 내용을 중심으로 다룰 거고, 시험에도 이 내용이 출제됩니다.

아이들이 한 단원을 마치거나 시작한다면 현재 배우고 있는,

또 배워야 하는 부분이 어디인지 교수요목을 보면서 꼭 확인해야 합니다. 학원에 다닌다면 이 부분을 제대로 배우고 있는지, 선행을 하고 있다면 어느 부분인지 교과서 교수요목으로 알 수 있습니다.

방학 때는 아이와 전체적인 교수요목을 함께 보면서 내용을 정리해 보세요. 만일 아이가 이해하지 못하거나 부족하게 느끼는 부분이 있다면 그 부분을 꼭 보충해야 합니다.

중등 1학년 교수요목[동아(이)]

Lesson	Listening & Speaking	Reading	Structure & Writing
1. An Exciting New World	좋아하는 것 말하기 A: Do you like math? B: Yes, I like math. 잘하는 것 말하기 A: Are you good at singing? B: Yes, I'm good at singing.	Come Follow Me 여러 나라 친구들의 학교생활 이야기	• I am from Korea. • I like sports clubs. • 자기소개 글쓰기
2. Be Healthy, Be Happy!	상태의 원인 묻기 A: What's wrong? B: I have a toothache. 충고하기 A: I'm always late for school. B: You should get up early.	Do You Have Text Neck? 'Text Neck'에 관한 정보와 조언	• Sumin is walking to the bus stop. • Hold the phone at eye level. • What a beautiful day! • 조언하는 글쓰기

3. How Do I Look?	행동 묘사하기 A: What is the woman doing? B: She is taking pictures. 외모 묘사하기 A: What does Jack look like? B: He is tall and slim.	The World Through Animal's Eyes 동물들의 눈을 보는 세상	• Horses can almost see behind their heads. • Which color can't a dog see, red or yellow? • 동물 소개 글쓰기
4. Catch the Sun	과거 사실 말하기 A: What did you do last weekend? B: I volunteered at the nursing home. 장소 말하기 A: Where is the Statue of Liberty? B: It's in New York	Camping Fun Crater Lake 국립공원에서의 Harry의 여행기	• Harry's family went on a camping trip. • I can see myself in the water. • 여행 경험담 쓰기
5. Art for All	계획 말하기 A: What are you going to do this weekend? B: I'm going to go swimming. 시간 약속 정하기 A: What time should we meet? B: How about 11:00 a.m.?	A red Ball is Rolling to You! 설치 미술 작품에 관한 인터뷰 글	• The ball will not be here forever. • My friends and I punched the ball a few times. • 시 쓰기
6. Dream High, Fly High!	관심 말하기 A: What are you interested in? B: I'm interested in playing sports. 장래 희망 말하기 A: What do you want to be in the future? B: I want to be a doctor.	An Accidental Lesson Julie와 Mike가 얻은 교훈에 관한 이야기	• Julie's father gave Mr. Leigh 40 dollars. • You have to pay for the window. • 용돈 사용에 관한 글 쓰기

7. Money Doesn't Grow on Trees	찾는 물건 말하기 A: Can I help you? B: Yes, I'm looking for a cap for my brother. 가격 묻고 말하기 A: What does Jack look like? B: He is tall and slim.	The World Through Animal's Eyes 동물들의 눈을 통해 보는 세상	• Horses can almost see behind their heads. • Which color can't a dog see, red or yellow? • 동물 소개 글쓰기
8. The Way to Korea	의견 말하기 A: What did you do last weekend? B: I volunteered at the nursing home. 추가 정보 요청하기 A: Where is the Statue of Liberty? B: It's in New York	Taste of Korea 우리나라 음식 소개와 외국인의 음식 후기	• I enjoyed eating miyeoguk. • Samgyetang is much tastier than chicken soup. • 음식 소개 글쓰기

진짜 실력을 키우는
교과서 속 학습 비법

열심히 하는데도 원하는 만큼 성과가 나오지 않아 스트레스를 받는 아이를 볼 때마다 부모는 마음이 아픕니다. 그럴 때면 성적을 올려 줄 획기적인 비법이 어디 없을까 찾게 되고, 사교육 일타 강사에게 배워야 하나 고민도 하게 되지요. 오랜 시간 교육 현장에서 아이들을 가르쳐 온 필자가 자녀와 좋은 관계를 유지하면서 가성비도 좋은 비법을 말씀드릴게요. 바로 교과서입니다! 실망하셨다고요? 지금부터 교과서가 모든 문제와 해답이 담겨 있는 궁극의 비법서인 이유를 말씀드리지요.

초등 국어 교과서 학습 비법

*

국어과에서는 6가지 역량을 기르는 데 중점을 두고 있습니다.

1. **비판적·창의적 사고 역량**

2. **자료·정보 활용 역량**

3. **의사소통 역량**

4. **공동체·대인 관계 역량**

5. **문화 향유 역량**

6. **자기성찰·계발 역량**

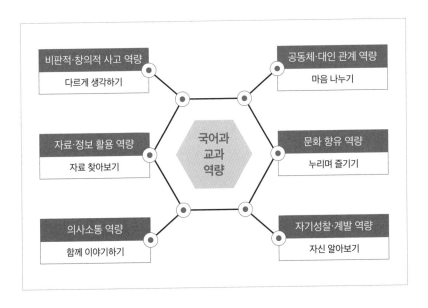

국어과 교과 역량 자체가 민주시민으로서 아이들이 가져야 하는 모든 역량을 제시하고 있는 셈입니다. 이제 국어 교과서의 학습 비법을 찬찬히 살펴봅시다.

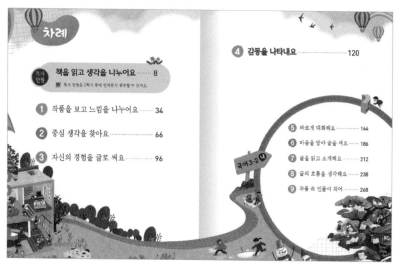

초등 3학년 2학기 국어(가) 교과서 목차

국어 교과서의 학습 비법은 바로 맨 처음에 있는 '목차'에 있습니다. 목차에는 단원명이 있는데, 단원의 제목이 학습목표이고 성취 기준입니다. 초등 3학년 2학기 국어(가) 2단원 「중심 생각을 찾아요」를 살펴보겠습니다. 이 단원에서는 제목 그대로 글을 읽고 중심 생각을 찾는 활동이 주 활동입니다. 이 단원을 공부할 때는 글에서 중심 생각을 찾는 것을 목표로 하고 공부하면 됩니다.

성취 기준도 글에서 중심 생각을 찾을 수 있는지에 달려 있고요. 시험 공부 역시 성취 기준을 찾아 공부하면 됩니다. 이렇게 단원 명을 보면 각 학년 국어과에서 도달해야 하는 핵심 역량을 알 수 있습니다.

또 하나 국어 학습 비법은 교과서 마지막에 있는 '실린 작품' 목록에 있습니다. 여기에는 교과서에 제시된 지문의 원작명이 실려 있습니다. 교과서에는 문학 작품이나 비문학 작품의 전문이 다 실려 있지 않습니다. 수업에 적극적으로 참여하기 위해서는 전문을 다 읽어 두는 것이 좋지요. 그러니 학기 초나 방학을 이용해 '실린 작품' 목록을 미리 읽어 보거나, 교과서 수록 작품을 중심으로 독서 활동을 해 두면 어휘력뿐 아니라 교과 활동에도 큰 도움을 받을 수 있습니다.

학교 도서관에는 교과서에 수록된 작품이 대부분 구비되어 있습니다. 아이와 자주 학교 도서관에 들러 책을 빌리고 독서 활동을 해 나가는 것도 탄탄한 국어 공부 습관을 잡는 데 좋습니다.

'온 책 읽기'라는 말을 들어 보았을 것입니다. 초등 국어 교과서는 '한 학기 한 권 읽기' 경험으로 아이들의 독서 습관과 태도를 형성하기 위한 「독서」 단원을 1학년부터 6학년까지 설정하여 운영하고 있습니다. 대략 교과서 7~32쪽까지 「독서」 단원인데, 읽을 책을 정하는 방법부터 책을 읽는 세세한 과정을 활동지까지 보여 주며 자세히 설명하고 있습니다.

학년말에 교과서가 가정으로 배부되면 「독서」 단원을 가장 먼저 살펴보길 권합니다. 가정에서 어떻게 독서 활동을 함께할 수 있는지 해답을 찾을 수 있을 겁니다.

초등 수학 교과서 학습 비법

＊

수학이 무엇보다 중요하다는 건 알겠는데, 어디서부터 어디까지 시켜야 할지 막막해 하는 학부모가 많습니다. 옆집 아이는 최상위 수학 문제집을 푼다 하고, 같은 반 친구는 올림피아드 문제집을 푼다는 이야기도 들립니다. 그런데 우리 아이는 기본 개념 문제도 틀리는 것을 볼 때마다 부모는 애가 탑니다. 도대체 어떻게 공부를 시켜야 할지 답답하기만 합니다.

해답은 가까운 곳에 있습니다. 바로 교과서입니다. 교과서는 아이들의 수준에 맞추어 쉬운 내용부터 시작해 점점 어려운 내용으로 나아가며 공부할 수 있도록 체계화되어 있습니다. 아이의 수준을 정확하게 확인하고 체계적으로 대책을 세울 수 있습니다.

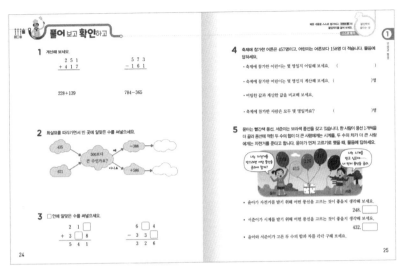

초등 3학년 1학기 수학 교과서(천재교과서, 24~25쪽)

　위 사진은 정리 활동입니다. 기초 연산부터 문장제 형태로 되어 있는 심화까지 연결된 문제가 나옵니다. 아이가 학습하는 단원 내용을 잘 이해하고 있는지 궁금하다면 이 부분을 풀면 됩니다. 기본 문제를 틀린다면 기본 개념으로 돌아가서 공부하고, 기본 문제를 잘 푼다면 응용이나 심화 단계를 대비하면 됩니다.

　아이가 공식은 잘 알고 있어서 산술은 잘하지만 문제의 길이가 길어질 때 혼란스러워한다면 '문장제'를 살펴봐야 합니다. '구하는 것'이 무엇인지 확인하고, 문제에 주어진 '조건'을 이용해서 푸는 연습을 해야 합니다. '문장제' 극복은 연습을 통해 충분히 할 수 있습니다.

운동을 잘하려면 코어 근육을 잘 잡아야 합니다. 그다음 팔과 다리의 근육을 키워야 하지요. 수학 공부도 마찬가지입니다. 교과서로 수학 코어를 단단하게 단련한 뒤 문제집으로 원하는 부위의 근육을 키우는 겁니다. 탄탄한 수학 실력을 키우는 비법은 모두 교과서에 있습니다.

수학 교과서는 교실과 학교 울타리를 벗어나 실생활과 연관 있는 내용을 다룹니다. 수학의 각 단원은 우리 생활 주변에서 볼 수 있는 흥미로운 이야기를 담고 있지요. 가족이나 친구들과 보드게임을 할 때 사용하는 주사위에도 수학 규칙이 숨어 있답니다. 주사위는 늘 마주 보는 두 면의 합이 7이 되거든요. 아이와 보드게임을 할 때 주사위에 숨어 있는 비밀에 대해 이야기한다면 수학이 그리 지루하거나 어려운 것은 아니라는 걸 느끼게 되지 않을까요?

「도형」 단원에는 우리 주변에서 볼 수 있는 건물이 어떤 다각형으로 이루어져 있는지 생각하는 활동이 나옵니다. 가족 여행에서 아이와 여러 모양의 삼각형과 사각형을 찾는 활동을 해 볼 수도 있습니다. 꼭 직접 가지 않고도 인터넷에서 아이가 흥미를 가질 수 있는 유명한 건축물은 무엇이 있는지 검색하고, 그 안에 어떤 도형이 숨어 있는지 찾는 활동을 한다면 단순히 학습에만 머물지 않고 지식을 확장하는 데도 좋은 역할을 할 수 있습니다.

초등 영어 교과서 학습 비법

*

영어는 어렵게 느껴지는 과목입니다. 아마도 영어를 잘한다는 기준이 높고, 언어는 기본적으로 그 나라의 문화와 함께 습득해야 하기 때문일 것입니다. 그래서 외국어로 영어를 배우는 것은 쉽지 않은 일입니다.

초등 영어 수업은 말하기뿐만 아니라 듣기, 읽기, 쓰기 모두 향상시키는 데 목표를 두고 있습니다. 그래서 교과서를 보면 아이들의 수준에 맞는 다양한 학습법이 있는데, 그중 하나가 프로젝트 학습입니다. 프로젝트 학습은 아이들이 주제와 활동 과제를 정하고, 이 프로젝트를 성공시키기 위해 모든 역량을 쏟아붓는 걸 말합니다. 주제를 정하는 것은 물론이고, 자료를 준비하고 만드는 과정과 발표까지 아이들이 직접 하기 때문에 배움의 주도성을 배울 수 있습니다. 프로젝트를 진행하는 동안 말하기, 듣기, 쓰기, 읽기의 모든 영역을 통합적으로 활용하게 되고 의사소통 능력을 향상시킬 수 있습니다.

'가족'이라는 주제로 프로젝트 학습을 한다면, 우선 가족에 대해 마인드맵을 만들고 호칭을 영어로 어떻게 표현하는지 적어 보는 활동을 할 수 있습니다. 아빠는 'dad', 엄마는 'mom', 여동생은 'sister'로 이름표를 만든 뒤 역할 놀이를 할 수도 있습니다. 이때 완전하게 영어로 말하려고 애쓰기보다는 일단 호칭만 영어로 연습하는 거죠. 카드를 넘기면서 각 역할의 호칭을 큰 소리로 말하면 자신의 목소리를 들을 수도 있어서 말하기와 듣기를 함께 익힐 수 있습니다.

이어서 가족 나무를 그리면서 할아버지, 할머니, 이모, 삼촌까지 확장하고, 관련하여 'aunt'나 'uncle' 같은 단어도 이야기하면 좋습니다. 가족과 관련된 영어 노래가 있는지 찾아보고 노래를 부를 수도 있고, 할머니와 할아버지께 편지를 쓰는 활동을 한다면 국어 글쓰기 활동으로 확장시킬 수도 있습니다.

무조건 영어 단어를 외워야 하는 것이 아닌, 다양한 활동을 통해 영어 교과서의 단어를 접해 나간다면 영어에 대한 거부감이 줄어들고 흥미를 갖게 될 거라고 확신합니다.

중등 국어 교과서 학습 비법

*

중등 국어 교과서에 담겨 있는 학습 비법은 2가지입니다. 비법답

게 교과서 제일 뒤에 숨어 있는데, 바로 교과서 수록 작품의 출처
와 교과 내용 심화 자료입니다.

　수업을 진행하며 아이들에게 교과서를 꼼꼼하게 보라고 아무
리 이야기해도 뒷부분은 잘 읽지 않습니다. 그래서 이 부분을 시
험 범위에 넣어서라도 공부시키려 하면 아이들이 항의합니다. 왜
교과서 단원 안에 없는 부분을 넣느냐고 말이죠. 하지만 이 부분
은 굉장히 중요합니다. 사실 교과서 어디에도 허투루 수록되어
있는 자료는 없습니다.

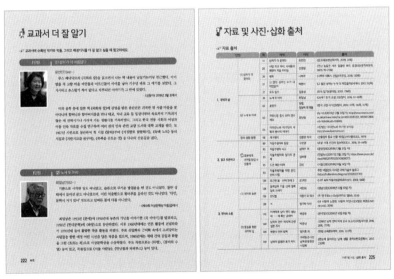

중등 3학년 1학기 국어 교과서(미래엔)

앞서 말했듯이 초등과 중등 모두 국어 교과서에 작품의 전문이 수록되어 있지 않습니다. 교과서에 그 많은 내용을 담기에는 어렵기 때문이죠. 그러나 교과서의 작품을 이해하기 위해서는 전문을 다 읽는 것이 좋습니다. 가능하면 수록 작품을 다 읽는 것이 좋지만, 그것이 힘들다면 문학 작품만이라도 전문을 다 읽어야 합니다. 그래야 국어 교과서를 제대로 이해할 수 있습니다. 교과서 뒤쪽에 출처가 나와 있어 출처를 힘들게 찾지 않아도 됩니다.

교과서에 작품을 수록할 때는 그 작품 자체를 감상하기 위해서가 아닙니다. 학습목표를 달성하기 위한 도구로 사용하는 거죠. 물론 작품 전체를 다 읽지 않아도 학습목표를 달성할 수 있지만, 작품을 읽고 전체 흐름을 아는 상태에서 그 부분을 공부하면 학습목표를 달성하는 것도 훨씬 수월하고 작품도 잘 이해할 수 있답니다.

심화 자료 역시 중요한 부분입니다. 교과서에는 한 차시 수업 시간을 고려해서 활동이나 수업 내용을 담아야 합니다. 그래서 학습에 꼭 필요하지만 교과서에 다 못 담는 경우도 있습니다. 그 아쉬움을 모아 교과서 뒷부분에 부록으로 담은 것이 교과 내용 심화 자료입니다.

예를 들어, 맞춤법 수업을 할 때 설명해야 할 맞춤법 내용이 아주 많습니다. 그중 몇 가지만 골라서 설명할 수는 없지요. 그렇다고 그 모든 내용을 교과서에 다 담으면 학습 분량이 너무 많아집니다. 게다가 한정된 수업 시간 중에 그 모든 내용을 다루기 힘들기도 하고요. 교육과정에 제시되지 않아 교과서에는 담지 못했지만, 아이들이 꼭 알았으면 하는 부분을 교과서 뒤쪽에 심화 자료로 담아 놓습니다. 그러니 그 부분은 공부하지 않고 그냥 넘어가도 되는 부분이 아니라, 교과서 단원과 연계해서 반드시 살펴봐야 하는 부분인 거죠. 다음 학년에서 그 내용을 다룰 때 분명 중요한 기초가 됩니다.

중등 수학 교과서 학습 비법

*

중등 교과서를 반복해서 보는 아이들만 얻을 수 있는 비법을 공개합니다. 수업 시간에만 교과서를 읽는 아이들은 절대 알 수 없습니다. 수업 시간에는 빠른 시간 안에 핵심 개념을 익히고 문제를 풀지만, 반복해서 본다면 그 옆에 있는 작은 글자들이 눈에 들어올 겁니다. 이 작은 글자들을 읽기 시작하는 순간 수학에 대한 학습 스위치가 켜집니다. 새로운 용어와 기호가 등장할 때마다 왜 그런 의미를 가지는가에 대한 설명이 있고, 기호를 누가 처음 만들었는지에 대한 소개도 나와 있기 때문입니다.

첫째, 문제 풀이 방법에 대한 설명이 나옵니다.

주어진 범위에서 소수를 찾는 방법을 설명하면서 이 방법이 누구에 의해 만들어졌는지에 대한 부연 설명이 있습니다. 바로 '에라토스테네스의 체'라는 방법입니다. 물론 배경지식을 모른다 해도 문제는 풀 수 있습니다. 하지만 새로운 방법을 고안한 사람을 떠올리며 문제를 푼다면 지적 희열을 느끼기도 하고 수학적 열망을 공유해 볼 수도 있습니다.

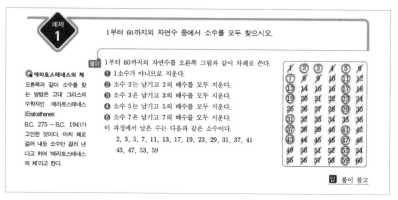

중등 1학년 수학 교과서(비상교과서, 13쪽)

둘째, 수학 기호를 누가 처음 만들었는지에 대한 이야기가 나옵니다.

우리가 쓰는 기호나 용어는 처음에 누군가 그렇게 정했고, 이후에 많은 사람들이 같은 방법을 썼기 때문에 지금 쓰고 있는 것입니다. '왜 그렇게 정했을까?' 생각하는 것만으로도 수학에 대한 관심도가 높아집니다. 초등에서는 기호를 직접 만들어 본 다음에 새로운 기호를 접하기도 하는데, 이 과정을 거치면 기호를 바라보는 시선이 달라집니다.

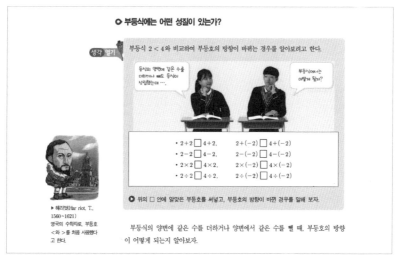

중등 2학년 수학 교과서(미래엔, 61쪽)

셋째, 이미 배운 공식이나 용어에 대한 설명입니다.

'평균'에 대한 이야기가 나오면서 영어로 'mean'이라고 한다는 설명이 있습니다. 실제로 영어의 첫 글자를 따서 기호로 쓰는 경우가 많은데 '원점'은 'origin'의 첫 글자 'O'이고, 무게중심은 'the center of gravity'에서 gravity의 첫 글자인 'G'입니다.

평균은 영어로 mean이라고 한다.

$$(\text{평균}) = \frac{(\text{변량의 총합})}{(\text{변량의 개수})}$$

예를 들어 위의 생각톡에서 두 모둠의 기록의 평균은

A 모둠: $\dfrac{5+8+6+5}{4} = \dfrac{24}{4} = 6 \,(\text{개})$,

B 모둠: $\dfrac{7+4+5+6+5}{5} = \dfrac{27}{5} = 5.4 \,(\text{개})$

이다.

중등 3학년 수학 교과서(신사고, 215쪽)

핵심 개념을 익히고 바로 문제 풀이만 하면 수학을 학습으로만 대할 수밖에 없습니다. 아이들이 친구를 사귈 때도 서로에 대해 소소한 내용을 공유할수록 친해지는 것처럼 수학의 세세한 부분까지 알게 된다면 수학에 대한 친밀감을 갖게 되고, 흥미가 높아져 자연스럽게 수학과 관련된 독서로 이어지기도 합니다.

중등 영어 교과서 학습 비법

*

중등 영어 교과서를 꼼꼼하게 살펴보면 버릴 것이 하나도 없습니다. 그래서 항상 교과서 내용을 꼼꼼히 보라고 이야기하지만, 이를 새겨듣는 아이들은 그리 많지 않습니다. 본문은 열심히 공부하지만 다른 부분은 그냥 지나치는 경우가 많더라고요. 특히 쉽게 지나치는 부분은 듣기 대본(script), 단원평가(review), 공부 비법(tip) 부분입니다. 이것이 영어 교과서에 있다는 것도 잘 모르고, 알더라도 어떻게 활용할지 모르는 아이들이 대부분일 겁니다.

듣기 대본은 교과서 맨 뒤 부록에 'scripts'라는 이름으로 수록되어 있습니다. 듣기는 굉장히 중요하고 대본도 함께 공부해야 합니다. 듣기 공부법은 음원을 듣고 대본을 소리 내어 읽는 것입니다. 음원은 해당 출판사 홈페이지에서 무료로 내려받을 수 있습니다.

대부분의 아이들이 본문과 문법만 집중해서 공부하고, 학습목표에 있는 의사소통 표현과 이 표현을 활용한 대화문은 소홀히 여깁니다. 절대 그렇게 공부하면 안 됩니다. 중등 지필평가에서는 듣기 대본의 내용이 문제로 출제되거든요. 특히 중등 시험은 교과서에 아주 충실해서 수업 시간에 교과서로 했던 모든 활동과 내용이 시험 범위가 될 수 있습니다. 뿐만 아니라 의사소통 표현은 학습목표에 명시되어 있고, 중등 영어 교육과정에서 중요하게 다루는 말하기와 듣기 부분입니다.

그다음은 단원 정리 부분입니다. 아이들에게 영어 교과서에 형성 평가가 있다고 하면 어디에 그런 게 있냐며 놀랍니다. 단원마다 단원 마무리 문제가 있습니다. 대개 1쪽 정도에 5~10개 정도의 간단한 문제로 이루어져 있습니다. 단원 마무리 문제를 통해 단어, 듣기, 문법, 본문, 쓰기를 골고루 복습할 수 있습니다. 단원 마무리 문제의 답은 교과서 뒤쪽 부록에 수록되어 있어 아이 혼자서도 문제를 풀고 정답을 확인할 수 있습니다.

수업 시간에 단원평가 부분을 다루지 않더라도 한 단원을 마치고 나면 꼭 스스로 풀게 하세요. 시험을 앞두고 있다면 다시 한번 풀고 넘어가야 합니다. 이 부분을 풀 때는 절대 앞부분의 내용을 보지 않고 풀어야 합니다. 만약 교과서를 보지 않고 문제를 풀지 못하면 그 부분을 완전하게 이해하지 못했다는 뜻인 거죠. 그러면 교과서를 공부하고 다시 풀어야겠지요.

마지막으로 대부분의 영어 교과서에는 단어 암기나 읽기, 쓰기, 문법 공부에 도움이 되는 전략이나 조언이 제시되어 있습니다. 물론 교과서마다 조금씩 다를 수 있습니다. 이 부분은 시험에 나오지 않아 무심코 넘기는 일이 많은데, 영어 공부의 꿀팁이 담겨 있는 부분입니다. 그냥 지나치지 말고, 꼭 읽고 그 내용을 기억해 두면 영어 공부를 하는 데 큰 도움이 될 겁니다.

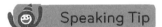
Speaking Tip

어떤 대상을 묘사하려면 그 특징을 잘 파악하여 대상의 모습을 구체적으로 말하세요.

Listening Tip

가격을 들을 때에는 fifteen, fifty와 같이 비슷하게 발음되는 숫자에 유의하세요.

Reading Tip

문화적인 특징을 보여 주는 단어를 통해 글의 배경을 파악하면 내용을 더 잘 이해할 수 있어요.

Writing Tip

홍보하는 글을 쓸 때에는 자신이 홍보할 대상과 대상의 특징이 명확하게 전달되도록 글을 구성하세요.

중등 1학년 영어 교과서[동아(윤)]

탄탄한 공부 습관을 세우는
교과서 예습과 복습

1. 꾸준한 학습 일정 세우기

교과서를 중심으로 매일 목표 분량을 정하고 공부 시간을 설정합니다. 일정한 시간에 공부하는 것이 탄탄한 공부 습관을 세우는 데 도움이 됩니다.

2. 예습하기

수업 전에 미리 교과서를 읽고 수업 내용을 이해하는 것이 좋습니다. 예습을 하면 수업 시간에 더 집중할 수 있고, 더 쉽게 이해할 수 있습니다.

3. 수업 시간 활용하기

수업 시간에 배운 개념, 새롭게 안 사실을 기록합니다. 또한 수업 중 발생하는 의문점 등을 적어 두고 수업 후에 질문하거나 스스로 연구하는 것도 좋습니다. 이를 통해 알고 있는 지식을 재구조화하고 자기 것으로 만들 수 있습니다. 이것이 메타인지 학습법입니다.

4. 복습하기

수업이 끝난 후에는 교과서를 바로 덮지 말고 오늘 배운 내용을 다시 한 번 떠올려 봅니다. 또 필기한 내용을 읽어 보며 놓친 것이 있는지 확인합니다. '천재의 또렷한 기억보다 둔재의 흐릿한 연필 자국이 낫다.'는 말이 있답니다.

5. 최상위권 도약을 위한 심화학습

기본적으로 현행을 마친 아이라면 최상위권 도약을 위해 심화학습이 필요합니다. 국어를 예로 들자면, 교과서에 나온 문학 작품의 전문을 찾아 읽고, 새롭게 안 어휘의 뜻을 찾아보고 문장을 만드는 활동을 할 수 있습니다.

이렇게 교과서를 이용한 예습, 복습 및 심화학습으로 탄탄한 공부 습관을 키운 아이는 전략적으로 학습하며 최상위권으로 나아갈 수 있습니다.

3

초중등
공부 능력
키우는

초중등
공부 능력
키우는

공부의 자발성을
키우는
초등 교과서
공부법

초등 국어의
핵심 영역 및 특징

"선생님, 초등 과정에서 어떤 과목이 가장 중요한가요?"라고 묻는다면 단연코 국어라고 자신 있게 말할 수 있습니다. 물론 아이들의 기초 학력을 세우는 초등 과정에서 중요하지 않은 과목은 없지만, 그중에서도 국어 실력은 모든 과목의 성적을 좌우하기 때문에 매우 중요합니다. 문제가 의미하는 바를 이해하지 못하면 아무리 연산 능력이 뛰어나도 수학 문제를 풀지 못하고, 아무리 배경지식이 많아도 사회 개념을 이해하지 못하거든요.

2022학년도 수능에서 국어 영역은 대학의 합격과 불합격을 결정지었다고 합니다. 2022학년도 국어 표준점수 최고점은 149점이었는데 2021년에 비해 5점이나 높아졌습니다. 국어 영역의 난이도가 높아지면서 상위권 아이들의 점수대가 낮아졌고 국어가 입시 결과를 가르는 변수가 되었지요.

국어는 듣기·말하기, 읽기, 쓰기, 문법, 문학 영역으로 구성되어 있습니다. 각 영역은 '핵심 개념'과 '일반화된 지식'을 바탕으로 학년(군)별로 각 영역이 추구하는 통합적 기능을 신장하도록 하고 있지요. 학년군을 1-2학년군, 3-4학년군, 5-6학년군으로 나누고, 필요하다면 다른 학년(군)에서도 융통성 있게 다루고 있습니다. 또 국어 교과서 외에 『국어 활동』 교과서를 통해 특정 영역의 성취 기준을 학년군의 다른 영역에서도 활용할 수 있게 했습니다.

그럼 각 학년군에서 요구하는 성취 기준을 살펴볼까요?

우리는 태아 때부터 외부의 소리에 반응합니다. 즉, 인간의 발달단계에서 듣기가 가장 먼저 이루어진다는 이야기지요. 태어나면서 울음을 내뱉으며 소리를 냅니다. 그리고 자라면서 부모가 하는 말을 들으며 엄마, 아빠, 맘마를 말하죠. 국어 교육과정 역시 언어 체득 방식대로 듣기, 말하기에 핵심을 둡니다. 듣고 말하기만 하던 아이가 글자를 익히며 읽기 시작하고, 읽은 것을 글로 씁니다. 자음과 모음, 단모음, 이중모음, 받침 글자, 낱말, 문장을 읽다가 자신의 생각을 글로 쓰기 시작한다는 겁니다. 제대로 쓰고 이해하기 위해서는 문법을 익혀야겠죠? 문법을 익히면 보다 수려한 언어생활을 할 수 있습니다.

이 모든 것을 배우기 위한 제재로 국어 교과에서는 문학을 다룹니다. 시부터 일기, 편지, 주장하는 글, 설명하는 글, 소설, 희곡에 이르기까지 다양한 문학 작품을 가지고 수업을 진행하는 것이지요.

듣기·말하기

✱

핵심 개념	일반화된 지식	학년(군)별 내용 요소	기능
듣기·말하기의 본질	듣기·말하기는 화자와 청자가 구어로 상호 교섭하며 의미를 공유하는 과정	• 5-6학년: 구어 의사소통	• 맥락 이해, 활용 • 청자 분석
목적에 따른 담화 유형 • 정보 전달 • 설득 • 친교, 정서 표현 듣기·말하기의 매체	의사소통의 목적, 상황, 매체 등에 따라 다양한 담화 유형이 있고, 유형에 따라 듣기와 말하기 방법이 다름.	• 1-2학년: 인사말 • 1-2학년: 대화(감정 표현) • 3-4학년: 대화(즐거움) • 3-4학년: 회의 • 5-6학년: 토의, 토론, 발표	• 내용 생성 • 내용 조직 • 자료, 매체 활용
듣기·말하기의 구성 요소 • 화자, 청자, 맥락 듣기·말하기의 과정 듣기·말하기의 전략 • 표현 전략 • 상위 인지 전략	화자와 청자는 의사소통의 목적과 상황, 매체에 따라 적절한 전략과 방법을 사용. 문제를 해결하며 소통함.	• 1-2학년: 일의 순서 • 1-2학년: 자신 있게 말하기 • 1-2학년: 집중하며 듣기 • 3-4학년: 인과 관계 • 3-4학년: 표정, 몸짓, 말투 • 3-4학년: 요약하며 듣기 • 5-6학년: 체계적 내용 구성 • 5-6학년: 추론하며 듣기	• 표현, 전달 • 내용 확인 • 추론 • 평가 감상

| 듣기·말하기의
태도 | 듣기·말하기의
가치를 인식하고
공감, 협력하며
소통할 때 듣기·
말하기를 효과적
으로 수행 | • 1-2학년: 바르고 고운 말
사용
• 3-4학년: 예의를 지켜
듣고 말하기
• 5-6학년: 공감하며 듣기 | • 경청, 공감
• 상호 교섭
• 점검 조정 |

초등 2학년인 지안이는 말을 잘합니다. 이 아이가 2학년이 맞나 놀랄 정도로 자신의 생각을 자신감 있게 표현합니다. 그런데 이상하게 지안이의 국어 성적은 하위권입니다. 그래서 학부모의 걱정이 컸습니다. 왜 그럴까요? 지안이는 누구보다 잘 듣고 잘 말하는데 왜 국어 성적이 좋지 않을까요?

초등 교육과정 중 듣기·말하기 영역의 핵심 개념 중 목적에 따른 담화의 유형은 크게 정보 전달, 설득, 친교·정서 표현으로 나누어 살펴볼 수 있습니다. 의사소통 유형에 따라 듣기·말하기의 방법을 달리해야 하지요. 특히, 화자와 청자의 의사소통 목적, 상황, 매체에 따라 적절한 전략을 세워 문제를 해결하며 소통하는 것에 집중해야 합니다.

- **1-2학년**: 인사말과 감정을 표현하는 대화
- **3-4학년**: 경청과 말하기
- **5-6학년**: 토의, 토론, 발표를 위한 기술적 방법

1-2학년은 일의 순서에 따라 말하기, 집중하며 듣고 자신 있게 말하기, 3-4학년은 원인과 결과의 관계, 적절한 표정과 몸짓을 분석하기, 요약하며 듣기가 핵심 과제가 됩니다. 5-6학년에 이르면 비로소 추론하는 영역까지 확대됩니다. 경청과 공감, 상호 교섭의 영역까지 초등에서 다뤄지는 것이죠. 피아제의 인지발달단계인 구체적 조작기와 형식적 조작기의 특성을 고려하여 설계되었다고 봐도 무방합니다.

　　초등 국어 교육과정 중 듣기·말하기의 핵심은 잘 듣는 겁니다. 감정 표현의 대화나 적절한 표정, 몸짓, 말투를 찾아내는 일은 잘 들어야 가능하기 때문입니다. 3-4학년 과정인 '요약하기'도 박물관이나 동물원에 대한 듣기 자료를 듣고 핵심 내용을 요약하는 방식으로 수업이 진행됩니다.

　　3학년 '언어 예절에 맞게 역할 놀이하기'에서는 아이 자신이 역할을 정해 그에 맞는 적절한 표정과 몸짓, 말투로 말합니다. 역할 놀이도 중요하지만 역할 놀이를 하는 친구의 모습을 관찰해서 친구의 칭찬할 점을 적는 내용도 함께 다룹니다.

역할 놀이를 잘한 친구를 칭찬해 봅시다. (예시 자료)

칭찬할 점	친구 이름
상황에 맞는 표정, 몸짓, 말투로 대화했다.	
알맞은 높임 표현을 사용해서 대화했다.	
언어 예절을 잘 지켰다.	

또 감각적 표현을 사용하여 시를 쓰는 단원에서도 쓰기만큼 듣기도 강조합니다. 친구가 사용한 감각적 표현을 잘 들은 후 적고 표현한 대상까지 유추하여 알아내야 합니다.

친구들의 발표를 듣고 기억에 남는 감각적 표현을 써 보세요.

친구 이름	감각적 표현	표현한 대상

이렇게 경청하는 과정을 꾸준히 익히면 5-6학년에서 다루는 토의와 토론을 잘할 수 있게 됩니다.

그럼 잘 말하려면 어떻게 해야 할까요? 먼저, 말하고자 하는 핵

5. 대상을 떠올리고 그 느낌을 정리해 봅시다.

(1) 대상을 떠올리고 그 느낌을 생각나는 대로 써 보세요.

본 느낌

냄새 맡은 느낌

대상

만져 본 느낌

대상을 보고, 듣고, 만지고, 냄새 맡고, 맛본 뒤에 그 느낌을 써 봐요. 이 가운데에서 어떤 것은 할 수 없는 경우도 있어요.

초등 3학년 2학기 국어(가) 교과서 (미래엔, 152쪽)

심을 잘 정리할 줄 알아야 합니다. 그런데 쓰기는 처음부터 잘하기 힘들지요. 하나씩 차근차근 계단을 밟아 나가는 과정이 필요합니다. 생각그물(브레인스토밍)을 통해 사고를 확장하고 자유롭게 생각을 펼칠 줄 알아야 잘 쓰고 잘 말할 수 있게 되거든요. 교과서에는 생각그물을 쓰는 활동이 있어 아이들의 사고 확장을 돕습니다.

앞서 지안이의 경우 말은 잘하지만 핵심을 파악하며 경청하지 않았기 때문에 국어 성적이 잘 나오지 않았던 겁니다. 지안이는 발화에만 충실한 언어생활을 한 거예요. 지안이는 자신이 알고 있는 것을 말로 설명할 수는 있지만 그것을 요약하고 정리해서 쓰는 데 어려움을 느꼈기 때문에 성적은 하위권일 수밖에 없었습니다.

초등 교육과정에서는 말하기 이전에 듣기에 충실해야 하고, 듣고 말한 후에는 핵심을 정리할 줄 알아야 좋은 성적을 기대할 수 있다는 걸 잊지 마세요.

읽기

✱

핵심 개념	일반화된 지식	학년(군)별 내용 요소	기능
읽기의 본질	읽기 과정에서 문제를 해결하며 의미를 구성, 사회적으로 소통하는 행위	• 5-6학년: 의미 구성 과정	• 맥락 이해하기
목적에 따른 글의 유형 • 정보 전달 • 설득 • 친교, 정서 표현 읽기와 매체	의사소통의 목적, 매체 등에 따라 다양한 글 유형이 있으며, 유형에 따라 읽기 방법이 다름.	• 1-2학년: 글자, 낱말, 문장, 짧은 글 • 3-4학년: 정보 전달, 설득, 친교 및 정서 표현 • 3-4학년: 친숙한 화제 • 5-6학년: 정보 전달, 설득, 친교 및 정서 표현 • 5-6학년: 사회·문화적 화제 • 5-6학년: 글과 매체	• 몰입하기 • 내용 확인 • 추론하기

| 읽기의 구성 요소 ·독자, 글, 맥락

읽기의 과정

읽기의 방법 ·사실적 이해 ·추론적 이해 ·비판적 이해 ·창의적 이해 ·읽기 과정 점검 | 독자는 배경지식을 활용하여 읽기의 목적과 상황, 글 유형에 따라 적절한 읽기 방법을 활용하여 능동적으로 읽음. | · 1-2학년: 소리 내어 읽기
· 1-2학년: 띄어 읽기
· 1-2학년: 내용 확인
· 1-2학년: 인물의 처지, 마음 짐작하기
· 3-4학년: 중심 생각 파악
· 3-4학년: 내용 간추리기
· 3-4학년: 추론하며 읽기
· 3-4학년: 사실과 의견 구별
· 5-6학년: 내용 요약
· 5-6학년: 주장이나 주제 파악
· 5-6학년: 내용의 타당성 평가
· 5-6학년: 표현의 적절성 평가
· 5-6학년: 매체 읽기 방법의 적용 | · 비판하기
· 성찰, 공감
· 통합, 적용
· 독서 경험 공유 |
| 읽기의 태도 ·읽기 흥미 ·읽기의 생활화 | 읽기의 가치를 인식, 자발적 읽기를 생활화할 때 읽기를 효과적으로 수행할 수 있음. | · 1-2학년: 읽기에 대한 흥미
· 3-4학년: 경험과 느낌 나누기
· 5-6학년: 읽기 습관 점검 | · 점검, 조정 |

"초등 저학년 한글 해득 수준은 얼마만큼 되어야 하죠?"

학부모가 가장 궁금해 하는 질문의 답은 '읽기' 영역에 있습니다. 저학년은 글자, 낱말, 문장, 짧은 글을 소리 내 읽어야 합니다. 1학년 한글 해득 수준은 받침 없는 글자를 읽고 해석할 수 있어야 합니다. 만일 받침이 있더라도 미루어 뜻을 짐작할 수 있는 수준이면 충분합니다. 한글을 완벽히 쓸 수는 없어도 글자를 읽을 줄 알면 도움이 됩니다. 입학 전 독서를 꾸준히 해 둔다면 인물의 상황이나 마음을 짐작하며 읽기에 익숙하여 한글이 좀 부족하더라도 수업 시간에 적극적으로 발표할 수 있습니다.

저학년에서 띄어 읽기는 매우 중요한 과정이기 때문에 큰 소리로 읽는 연습을 많이 해야 합니다. 띄어 읽기가 정확히 이루어져야 어휘의 뜻을 유추할 수 있고 문해력 향상에 도움이 되거든요. 띄어 읽기가 초등 과정뿐만 아니라 중고등 과정의 성적에까지 영향을 줄 수 있으니 반드시 꾸준한 띄어 읽기를 해야 합니다.

3-4학년군은 정보 전달, 설득, 친교 및 정서 표현 등과 같은 친숙한 화제를 읽고 중심 생각을 파악해야 합니다. 또 내용 간추리기, 추론하며 읽기, 사실과 의견을 구별하며 읽기 능력도 요구합니다. 1-2학년군에서 단순한 어휘와 문장을 읽는 활동을 했다면 3-4학년군에서는 읽는 목적에 중심을 둔 읽기를 합니다. 중심 생각을 파악해서 중심 문장과 뒷받침 문장을 찾아내고, 문단을 하나의 문장으로 요약하기 위한 읽기를 합니다. 저학년 때와는 다르게 3-4학년군에서는 전략적으로 읽기에 집중해야 하는 시기인 거죠. 독서가 아닌 '독해'가 필요한 시기입니다.

3학년 강이는 독서광입니다. 도서관에 가는 게 제일 행복했던 강이는 쉬는 시간에도 책을 읽느라 수업 종이 울렸는지도 모르는 아이였지요. 강이의 어머니는 "우리 강이는 책을 많이 읽어서 문해력이 뛰어나요. 책을 많이 읽으면 좋잖아요."라고 말합니다. 하지만 담임 교사의 답은 "글쎄요."입니다.

독서의 포커스를 책을 읽는 데만 둔다면 활자 중독에 지나지 않습니다. 책을 읽으며 텍스트의 내용을 제대로 해석하는 '독해'를 해야 문해력이 향상됩니다. 닥치는 대로 책을 많이 읽는다고 해서 결코 좋은 성적을 기대할 수도 없습니다. 강이에게 독서는 공부에서 도피하는 수단처럼 보였거든요. 결과도 마찬가지였습니다. 사실 강이의 국어 성적은 매우 좋지 않았습니다.

수능 국어 문제를 살펴보면 문학과 비문학 지문이 섞여 있고, 비문학 지문은 대비가 쉽지 않습니다. 그래서 많은 학부모가 수능 비문학을 어떻게 대비해야 할지 걱정이 많습니다. 그런데 비문학 독해에 관한 내용이 이미 초등 교과서에 나온다면 믿을 수 있나요?

초등 3학년부터 국어 수업 시간에 중심 문장을 찾아내고 글을 요약하는 활동을 하지요. 아이와 함께 책을 읽고 독서 기록장을 써 보세요. 이 활동이 비문학 독해에 도움이 됩니다. 처음 지문을 접할 때 전략적 읽기는 매우 필요한 기술이거든요.

지문에서 잘 모르는 어휘나 중요한 낱말에 동그라미를 친 다음 키워드 중심으로 생각을 정리해야 합니다. 긴 글을 무심코 읽고 나서 문제를 풀려고 하면 기억이 나지 않아 다시 읽는 경우가 많지요. 지문의 내용이 기억나지 않아 다시 읽을 때 키워드 중심으로 읽고 생각을 확장하면 긴 지문도 무리 없이 읽을 수 있습니다.

잘 생각해 보면 우리는 일상생활에서 항상 무언가를 읽고 있습니다. 종이로 된 책이든, 컴퓨터 모니터든, 모바일의 작은 화면이든 늘 다양한 형태의 텍스트를 접합니다. 최근 스마트폰에 익숙해지면서 점점 긴 글을 읽는 걸 부담스러워하는 사람들이 늘고 있습니다. 스마트폰으로 텍스트를 읽는다 해도 스크롤을 내리며 읽은 뒤 머릿속에 남는 게 없다는 느낌을 받을 때도 있고요. 아이들 역시 스마트폰을 사용하더라도 텍스트로 된 지식을 검색해서 읽기보다 영상으로 된 정보를 검색하는 것에 더 익숙한 것 같습니다. 그러다 보니 말을 잘하는 아이는 많지만 잘 읽고 잘 쓰는 아이는 점점 드물어지고 있습니다.

우리 뇌는 무언가를 읽을 때 활성화되고, 비판적으로 고민하며 읽으면 더 활발히 움직입니다. 그래서 '잘 읽는 것'은 국어뿐 아니라 학습 전반에 매우 중요한 일입니다. 읽기가 단순히 국어 읽기 영역에 한정 지어야 할 문제가 아니라는 뜻입니다.

쓰기

*

핵심 개념	일반화된 지식	학년(군)별 내용 요소	기능
쓰기 본질	쓰기 과정에서 문제를 해결하며 의미를 구성, 사회적으로 소통하는 행위	• 5-6학년: 의미 구성 과정	• 맥락 이해하기
목적에 따른 글의 유형 • 정보 전달 • 설득 • 친교, 정서 표현 쓰기와 매체	의사소통의 목적, 매체 등에 따라 다양한 글 유형이 있으며, 유형에 따라 쓰기의 초점과 방법이 다름.	• 1-2학년: 주변 소재에 대한 글 • 1-2학년: 겪은 일을 표현하는 글 • 3-4학년: 의견을 표현하는 글 • 3-4학년: 마음을 표현하는 글 • 5-6학년: 설명하는 글 • 5-6학년: 주장하는 글 • 5-6학년: 체험에 대한 감상을 표현하는 글	• 독자 분석 • 아이디어 생산 • 글 구성 • 자료, 매체 활용
쓰기의 구성 요소 • 필자, 글, 맥락 쓰기의 과정 쓰기의 전략 • 과정별 전략 • 상위 인지 전략	필자는 다양한 쓰기 맥락에서 쓰기 과정에 따라 적절한 전략을 사용하여 씀.	• 1-2학년: 글자 쓰기 • 1-2학년: 문장 쓰기 • 3-4학년: 문단 쓰기 • 3-4학년: 시간의 흐름에 따른 조직 • 3-4학년: 독자 고려 • 5-6학년: 목적, 주제를 고려한 내용과 매체 선정	• 표현하기 • 고쳐 쓰기 • 독자와 교유
쓰기의 태도 • 쓰기 흥미 • 쓰기 윤리 • 쓰기의 생활화	쓰기의 가치를 인식하고 쓰기 윤리를 지키며 즐겨 쓸 때 쓰기를 효과적으로 수행	• 1-2학년: 쓰기에 대한 흥미 • 3-4학년: 쓰기에 대한 자신감 • 5-6학년: 독자의 존중과 배려	• 점검, 조정

초등학교 입학을 앞둔 아이들이 '일기 쓰기'와 '독서 기록장 쓰

기'를 힘겨워하는 모습을 종종 봅니다. 많은 학부모가 학교에 입학하면 일기 쓰기나 받아쓰기 시험을 볼 텐데 그것을 잘하려면 입학 전에 미리 연습을 해두어야 한다고 생각하기 때문입니다. 그런데 초등 국어 쓰기 영역을 살펴보면 그런 것은 전혀 중요하지 않습니다.

1학년 1학기 국어 시간 첫 단원 주제가 뭘까요? 기역, 니은, 디귿 쓰기라고 생각하지 않았나요? 혹은 '영희야 안녕! 철수야 안녕!' 같은 문장이 나올까요? 놀랍겠지만 학습과 관련된 내용이 아니라 「바르게 앉아 선생님을 바라봅니다」가 첫 단원입니다.

초등학교 입학을 준비하며 문제집을 사는 경우가 많은데, 문제집을 보고 당황하는 학부모가 많습니다. 분명 국어 문제집을 샀는데 문제집 속의 내용은 국어와 전혀 관련이 없습니다. '바르게 앉은 친구를 찾으세요.', '바르게 연필을 잡은 친구를 찾으세요.'와 같은 문제만 나옵니다. 마치 도덕 문제를 보는 것 같은 생각이 들기도 합니다.

1학년 국어 쓰기 활동은 공부하는 태도, 바른 자세부터 자신의 이름, 선생님 성함, 친구의 이름을 쓸 수 있고, 신체 부위 명칭이나 인사말같이 일상생활에 필요한 낱말을 읽고 쓸 수 있는 수준이면 큰 어려움을 느끼지 않습니다. 그렇다면 학부모가 가장 관심을 갖는 일기, 그중에서 그림일기 쓰기는 언제쯤 나올까요? 그림일기 쓰기는 1학기 끝부분에 나옵니다.

초등학교 입학 전에는 동화책을 큰 소리로 읽는 연습을 많이 하는 것이 좋습니다. 동화책을 읽으면서 문장 부호에 따라 문장 중간의 띄어쓰기는 짧게 쉬어 읽고, 마침표는 조금 길게 쉬어 읽으며 책 읽는 습관을 키우면 1학년 공부엔 충분합니다. 2학기가 되어야 비로소 언제, 어디서 있었던 일인지 「겪은 일을 글로 써요」라는 단원이 나옵니다. 자신의 이야기를 짧게 문장으로 쓰는 것은 어른들이 보기에 별것 아닌 것 같아도 초등 저학년 아이에게는 굉장히 어려운 수준입니다. 이 정도의 수준이 가능하다면 2학년 올라가기 전까지 달성해야 하는 국어 학습목표를 달성했다고 볼 수 있습니다.

3-4학년군에서 문단 쓰기, 시간의 흐름에 따른 조직을 통해 의견을 표현하고 마음을 표현하는 글을 씁니다. 5-6학년군에서 설명하는 글, 주장하는 글, 체험 후 감상을 표현한 글쓰기를 배웁니다. 물론 독자를 고려해서 말이죠.

쓰기 영역도 생각보다 어렵지는 않지요? 쓰기 영역을 어떻게 할지 미리부터 걱정하며 아직 어린 아이들에게 쓰기를 강요하지 않으면 좋겠습니다.

문법

＊

핵심 개념	일반화된 지식	학년(군)별 내용 요소	기능
국어의 본질	국어는 사고와 의사소통의 수단이 되는 기호 체계로서, 언어의 보편성을 바탕으로 하여 고유한 국어 문화를 형성하여 발전	• 5-6학년: 사고와 의사소통의 수단	• 문제 발견하기
국어 구조의 탐구와 활용 • 음운 • 단어 • 문장 • 담화	국어는 음운, 단어, 문장, 담화로 구성되며 이들에 대한 탐구를 통해 국어 지식을 얻고 이를 언어 생활에 활용	• 3-4학년: 낱말의 의미 관계 • 3-4학년: 문장의 기본 구조 • 5-6학년: 낱말 확장 방법 • 5-6학년: 문장 성분과 호응	• 자료 수집 • 비교, 분석 • 분류, 범주화
국어 규범과 국어 생활 • 발음과 표기 • 어휘 사용 • 문장, 담화의 사용	발음, 표기, 어휘, 문장, 담화 등 국어 규범에 대한 이해를 통해 국어 능력을 기르고 바른 국어 생활을 함.	• 1-2학년: 한글 자모의 이름과 소릿값 • 1-2학년: 낱말의 소리와 표기 • 1-2학년: 문장과 문장 부호 • 3-4학년: 낱말 분류와 국어사전 활용 • 3-4학년: 높임법과 언어 예절 • 5-6학년: 상황에 따른 낱말의 의미 • 5-6학년: 관용 표현	• 종합, 설명 • 적용, 검증 • 언어 생활 성찰하기
국어에 대한 태도 • 국어 사랑 • 국어 의식	국어의 가치를 인식하고 국어를 바르게 사용할 때 국어 능력이 효과적으로 신장	• 1-2학년: 글자, 낱말, 문장에 대한 흥미 • 3-4학년: 한글의 소중함 인식 • 5-6학년: 바른 국어 사용	

모든 언어 공부의 기초는 단어와 문법입니다. 국어는 영어와 달리 문법을 공부할 때 예외가 많아 더 어렵게 느껴지기도 하는데, 다행히 초등 문법은 전혀 어렵지 않습니다. 초등 교육과정에는 규칙이나 법칙을 외우는 공부가 아니라 일상생활의 필요에 의한 문법을 공부하기 때문입니다.

1-2학년군에서는 한글 자모의 이름과 소릿값, 낱말의 소리와 표기, 문장과 문장 부호를 배웁니다.

3-4학년군에서는 문장의 기본 구조와 국어사전 활용, 높임법과 언어 예절을 배웁니다. 3-4학년군에서 가장 중요한 국어 문법 요소는 국어사전 찾기입니다. 국어 교과서의 한 단원이 국어사전에서 낱말을 찾고, 뜻을 알아보는 활동으로 이루어져 있습니다. 자음자로 국어사전을 찾고, 자음자가 같으면 모음자의 순서대로 찾는 활동을 통해 낱말의 형태소를 알아보는 겁니다. 이 학습은 중등 국어 문법과 연계되는 중요한 활동입니다. 또 제대로 된 뜻을 알고 사용하게 되면서 풍부한 어휘로 글을 쓸 수 있는 기반도 마련된답니다.

5-6학년군에서는 관용 표현을 배우고, 관용 표현을 사용해서 생각을 효과적으로 나타내는 표현을 배웁니다. 6학년에서 관용 표현을 이용한 활동을 하는데, 책을 많이 읽고 신문, 잡지 등 다양한 읽기 자료를 많이 읽은 아이가 학교 수업에서 두각을 나타내

는 데 유리합니다.

　이렇게 초등 문법은 문법 개념을 익힌다거나 어려운 이론을 공부하기보다는 기초 문법을 이해하고 이를 활용하는 데 초점을 맞추고 있습니다.

문학

＊

핵심 개념	일반화된 지식	학년(군)별 내용 요소	기능
문학의 본질	문학은 인간의 삶을 언어로 형상화한 작품을 통해 즐거움과 깨달음을 얻고 타자와 소통하는 행위	• 5-6학년: 가치 있는 애용의 언어적 표현	
문학의 갈래와 역사 • 서정 • 서사 • 극 • 교술 문학과 매체	문학은 서정, 서사, 극, 교술의 기본 갈래를 중심으로 하여 언어, 문자, 매체의 변화와 함께 시대에 따라 변화	• 1-2학년: 그림책, 동요, 동시, 동화 • 3-4학년: 동요, 동시, 동화, 동극 • 5-6학년: 노래, 시, 이야기, 소설, 극	• 몰입하기 • 이해, 해석 • 감상, 비평

| 문학의 수용과 생산
•작품의 내용, 형식, 표현
•작품의 맥락
•작가와 독자 | 문학은 다양한 맥락을 바탕으로 하여 작가와 독자가 창의적으로 작품을 생산하고 수용하는 활동 | •1-2학년: 작품 낭독, 감상
•1-2학년: 작품 속 인물의 상상
•1-2학년: 말놀이와 말의 재미
•1-2학년: 일상생활에서 겪은 일의 표현
•3-4학년: 감각적 표현
•3-4학년: 인물, 사건, 배경
•3-4학년: 이어질 내용의 상상
•3-4학년: 문제 발견하기
•3-4학년: 작품에 대한 생각과 느낌 표현
•5-6학년: 작품 속 세계와 현실 세계 비교
•5-6학년: 비유적 표현의 특성화 효과
•5-6학년: 일상 경험의 극화
•5-6학년: 작품의 이해와 소통 | •성찰, 향유
•모방, 창작
•공유, 소통
•점검, 조정 |
| 문학에 대한 태도
•자아 성찰
•타자의 이해와 소통
•문학의 생활화 | 문학의 가치를 인식하고 인간과 세계를 성찰하며 문학을 생활화할 때 문학 능력이 효과적으로 신장 | •1-2학년: 문학에 대한 흥미
•3-4학년: 작품을 즐겨 감상하기
•5-6학년: 작품의 가치 내면화하기 | |

문학은 초등 국어에서 가장 중요한 영역입니다. 국어 교과서에는 많은 문학 영역이 등장하기 때문입니다. 그림책과 동시, 동요가 이에 해당합니다.

1-2학년군은 말놀이로 말의 재미를 느끼고 그림책, 동요, 동시, 동화를 낭독해 보는 것이 주요 활동입니다.

3-4학년군은 감각적 표현을 주로 다룹니다. 시각, 청각, 촉각,

미각, 후각의 다섯 감각을 이용한 감각적 표현이 문학 지문에 어떻게 표현되고 있는지를 찾아보고, 스스로 감각적 표현을 활용한 글을 써 보기도 합니다. 이어질 내용을 상상해 보고, 작품의 배경과 인물, 사건에 대해 분석도 하고요.

5-6학년군은 작품 속 세계와 현실 세계를 비교해 보고, 비유적 표현의 특성과 효과를 공부합니다. 일상 경험을 극화해 보고 작품의 가치를 내면화하기도 한답니다.

교과서에서 다루는 문학 제재는 문학에 대한 흥미와 내면화를 위해 양질의 것으로 선택됩니다. 아이와 함께 교과서 속 문학 작품을 찾아 읽어 보면 국어 공부 자체에 대한 흥미도 올라가고 자신감 있게 수업에 임할 수 있을 겁니다.

2학년 국어 교과서에 나오는 『종이 봉지 공주』의 내용을 살펴볼까요? 불 뿜는 용이 왕국의 모든 것을 불태우고 왕자도 잡아갑니다. 공주는 불타 버린 옷을 대신해 종이 봉지를 입고 왕자를 구하러 가지요. 공주는 지혜를 발휘해 왕자를 구출하는 데 성공합니다.

교과서에는 여기까지 실려 있습니다. 그 이후는 어떻게 되었을까요? 왕자와 공주는 행복하게 살았을까요? 아니오. 왕자는 종이 봉지를 입고 온 공주에게 옷이 그게 뭐냐고 타박합니다. 공주는 그런 왕자는 필요 없다며 왕자와 결혼하지 않고 당당히 세상으로 나아가지요.

만약 이 제재를 다루면서 『종이 봉지 공주』를 사전에 읽어 본 아이라면 일이 일어난 순서를 생각하며 이야기를 잘 이끌어 나갈 것입니다. 물론 배경지식이 없어도 교과서에 짧게 등장한 이야기를 통해 여성과 남성이라는 편견보다는 '나다움'이 얼마나 중요한 가치인지를 깨달을 수 있겠지요. 이런 '나다움'에 관심이 없었던 아이라 해도 이 이야기를 읽으면서 관심을 갖게 될 수 있습니다. 이렇게 교과서에서 만나는 문학 작품은 국어를 공부하는 훌륭한 제재가 되기도 하고, 삶을 풍요롭게 하는 역할도 한답니다.

모든 과목의 성적을 좌우하는
초등 국어 학습 전략

초등 교육과정에서 국어를 잘하려면 어떻게 해야 할까요? 요즘 화두가 되는 문해력은 훈련을 통해 습득이 가능하다는 연구 결과가 있습니다. 그럼 전반적인 국어 공부는 어떻게 해야 할까요?

무조건 독서하기

*

우리가 국어를 공부하는 이유는 무엇일까요? 지식을 배우기 위해서일까요? 필자는 국어는 기능을 길러 주는 교과라고 생각합니다. 국어를 공부하면 읽는 기능, 쓰는 기능, 사고하는 기능이 향상되어 수학이나 과학, 사회 교과를 공부하는 데 밑바탕이 되기 때문이죠. 그래서 국어를 잘 공부해 두면 다른 과목도 함께 잘할 수 있답니다.

그럼 국어의 '기능'을 배우려면 어떻게 해야 할까요? 많이 대화하고 많이 써 봐야 합니다. 그런데 다양한 조건의 상황에서 국어의 기능을 훈련하는 것이 쉬운 일은 아니죠. 그래서 독서가 필요한 겁니다. 낯선 세계와 시간, 한 번도 만나 본 적 없는 사람들과의 대화가 언제든 가능한 것이 바로 독서입니다. 나아가 잘 훈련된 사람들이 사용하는 감각적 표현이나 관용 표현도 덩달아 배울 수 있습니다.

그런데 간혹 책을 열심히 읽는데 왜 국어 성적은 향상되지 않느냐는 질문을 받곤 합니다. 당장 초등 교육과정에서는 단기간에 문제집을 많이 푸는 아이보다 눈에 띄는 성과를 얻을 수 없을지도 모릅니다. 하지만 분명한 건 중고등학교에 진학해서는 독서의 효과가 분명하게 나타난다는 것입니다. 아무리 공부해도 국어 성적이 오르지 않는다고 불평하는 아이와 특별히 공부하지 않는 것 같은데 언제나 상위권을 유지하는 아이의 차이는 바로 그동안 얼마나 독서를 해 왔느냐에 있습니다.

그런데 간혹 책을 '많이 읽는다'와 책을 '잘 읽는다'를 혼동하는 경우가 있습니다. 활자 중독이 의심될 만큼 다양한 책을 마구잡이로 읽는 건 건강한 독서라고 할 수 없습니다. 책은 '잘' 읽어야 합니다. '많이' 읽는 것보다 느리게 읽더라도 정독하는 것이 중요합니다. 다음과 같이 느리지만 지속적으로 꼼꼼하게 읽기를 추천합니다.

느리게 읽기	지속적 읽기	꼼꼼하게 읽기
• Slow Reading • 나카 간스케가 시대상을 반영해 쓴 자전적 소설 『은수저』를 중학교 교사 하시모토 다케시가 3년 동안 느리게 읽는 데서 시작 • 천천히 시간을 들여 상상하고, 작가의 의도를 생각하고 질문하고 정확하게 읽는 것.	• SSR(Sustained Silent Reading) • 헌트(Hunt, 1970)는 일정 시간 동안 방해받지 않고 책을 읽음으로써 읽기 능력을 향상함. • 읽기 후 독후 활동에 대한 기록은 전혀 하지 않음.	• Close Reading • 텍스트에 주의를 집중해 명시된 정보를 확인하고 논리적인 추론을 전개해 텍스트 전체의 의미를 심도 있게 이해하는 정교한 읽기

KWL(Ogle, 1986)은 글을 읽기 전에 배경지식을 활성화하며, 글을 읽는 동안 아이들의 학습을 안내하는 역할로 '알고 있는 것(Know)', '알고 싶은 것(Want)', '알게 된 것(Learn)'을 3개 항목으로 나눴습니다. 어떤 글을 읽기 전에 글과 관련된 기존의 배경지식, 즉 알고 있는 것을 기록합니다. 그리고 이 글을 읽으면서 알고 싶은 것, 즉 질문을 만듭니다. 그런 후에 책을 읽습니다. 책을 읽고 알게 된 것을 정리해 보는 겁니다.

잘 읽는 또 다른 방법으로 '책 선물하기'도 있습니다. 책에 나오는 물건 가운데서 중요한 내용을 담고 있거나 사건의 열쇠를 쥐고 있는 물건을 뽑아 정리해 보는 겁니다. 그 물건을 누구에게, 왜 선물하고 싶은지를 생각해 보면서 책에서 그 물건이 했던 역할을 되돌아보고, 책 속 내용을 현실에 적용하면 어떤 일이 벌어질지 상상할 수도 있습니다.

'심상 형성하기'는 어떨까요? 인상 깊은 장면과 그 까닭을 이 야기해 보는 거예요. 스타인가트와 글록(Steingatt & Glock, 1970)은 "독서 자료를 읽는 동안 상상하도록 지도받은 아이들이 스스로 그 단락을 반복하도록 지도받은 아이들보다 책 내용을 더 잘 기 억하였다."는 연구 결과를 내놓았습니다. 이야기를 나눠 보고, 인 상 깊었던 내용을 그림으로 그려 보거나 몸짓으로 표현하기만 해 도 내용을 더 잘 이해할 수 있고, 그 기억도 오래 간다는 거죠. 이 렇게 잘 읽는 방법은 여러 가지가 있답니다.

글쓰기는 국어 학습의 핵심

*

국어 능력은 '읽기'만으로 쌓이지 않습니다. 읽기를 통해 배경지 식을 풍부하게 쌓고 국어 기능을 습득했다면 써야 합니다. 쓰지 않으면 말 잘하는 아이에 그칠 수 있기 때문입니다. '글쓰기'를 통해 생각을 정리할 줄 알아야 합니다. 생각의 정리, 적절한 표현 선택, 중요한 것과 그렇지 않은 것을 선별하는 과정에서 국어 능력은 향상됩니다.

그런데 아이들에게 뭘 쓰라고 하면 일단 귀찮다고 말합니다. 거부감부터 보이죠. 동시에 부담감도 갖습니다. 뭔가 완벽한 걸 써야 할 것 같거든요. 글쓰기의 시작은 자신의 마음을 한 줄로 표현하는 것이면 됩니다. 우선 "오늘 기분은 어떠니?"라는 부모의 질문에 두세 글자로 자신의 마음을 표현해 보는 정도면 충분합니다. 예를 들어, '기쁨'이라는 단어로 문장으로 써 봅니다.

기쁘다.
나는 기쁘다.
나는 학교에 와서 기쁘다.
나는 학교에 오는 길에 친구를 만나서 기쁘다.
나는 학교에 오는 길에 친구를 만나 문방구에 들러서 기쁘다.
나는 학교에 오는 길에 친구를 만나 문방구에 들러서 예쁜 지우개를 사서 기쁘다.

이렇게 문장 늘이기를 하는 거죠. 문장이 확장되면 일기도 쓰고, 독서 기록장도 쓸 수 있겠지요.

그럼 국어 학습 비법인 글쓰기는 언제 필요할까요? 바로 배움 공책처럼 수업 시간에 배운 것을 정리하면서 중요한 것을 선별할 때 필요합니다. 배움 공책은 내가 아는 것을 머릿속으로 구조화하는 훈련입니다. 다 쓰는 것이 아니라 핵심 내용만 구조화하는 거죠. 공부한다는 뜻의 '학습'은 '배울 학(學)'과 '익힐 습(習)'으로 이루어진 한자어입니다. 배우고 혼자 반드시 익혀야 하는 시간, 즉 스스로 공부해야 하는 시간이 필요하다는 뜻입니다. 수업 시간에 선생님이 했던 그 많은 이야기 중에서 핵심이 무엇인지 찾아내고 요약하는 능력, 아는 것과 모르는 것을 구분하는 능력을 배움 공책 쓰기를 통해 기를 수 있습니다.

2학년 때는 하루 한 줄로 시작한 배움 공책이 학년이 올라가면

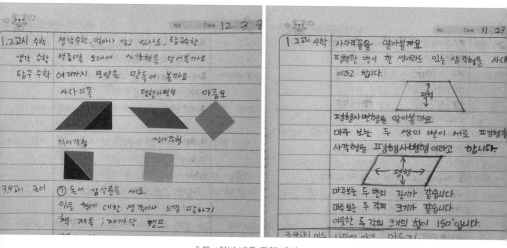

초등 4학년 배움 공책 예시

서 3학년 때는 매 수업 한 줄로, 4학년 때는 매 시간 수업에서 한 두 줄로 늘어납니다. 물론 양이 많아졌다고 좋은 점만 있는 건 아니지만 아이가 수업 시간 중 조금 더 고민하고 집중한 시간이 늘어났다고 볼 수도 있습니다. 그래서 배움 공책은 아이의 학습 성장을 돌아볼 수 있는 지표가 되기도 한답니다. 초등부터 쌓은 구조화 능력은 중고등 지필평가 기간에 빛을 발합니다. 노트 필기의 중요성은 시대를 막론하고 중요하기 때문입니다. 그래서 글쓰기는 국어 학습의 핵심인 동시에 모든 교과 공부의 비법이라 할 수 있습니다.

교과서와 친해지기

＊

어디를 가든 목적지를 알고 움직여야 갈팡질팡하지 않겠지요? 학습도 마찬가지입니다. 국어 교과서 각 단원 맨 앞장에는 '단원 목표'가 제시되어 있습니다. 「2. 문단의 짜임」의 목표는 '문단의 짜임을 생각하며 글을 읽고 써 봅시다.'가 되겠지요. 즉 이 단원에서는 문단의 짜임과 글을 읽고 쓰는 데 핵심이 있습니다. 따라서 전략적으로 목표를 생각하며 학습 목표를 세워야 합니다.

글의 구성 원리인 '통일성의 원리', '일관성의 원리', '강조성의 원리'를 생각하면서 문단의 구조를 파악해 봅니다. 예를 들어, 교과서에는 '장승'이라는 제재가 등장하고 이를 읽고 중심 문장과 뒷받침 문장을 알아보는 활동을 합니다. 초등 교육과정에서는 두괄식, 미괄식이라는 말은 따로 하지 않지만, 아이들이 활동을 하다 보면 중심 문장이 주로 문단의 맨 처음이나 마지막에 나오는 걸 파악하게 됩니다. 특히 두괄식이 많이 나오는데, 다음 표처럼 구조화해서 공부하면 더 잘할 수 있겠지요. 이 단원은 중심 문장과 뒷받침 문장을 활용해 한 문단의 글을 써 보는 활동으로 마무리합니다.

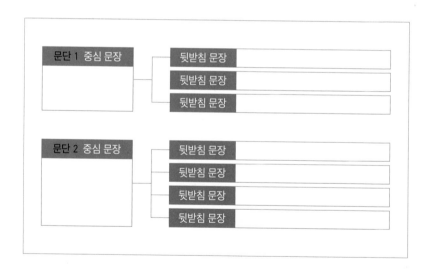

이렇듯 학습목표를 보면 어떤 공부를 해야 할지 전략적인 방법

이 떠오릅니다. 초등 국어 수행평가도 교과서에서 출제되기 때문에 교과서는 평가를 위해서도 매우 중요한 학습서가 된답니다.

수행평가 계획표와 친해지기

*

학교에서는 1, 2학기에 걸쳐 어떤 단원에서 어떤 목표를 가지고 수행평가를 볼지 수행평가 계획서를 홈페이지에 공개합니다. 문제가 공개되는 것은 아니지만 단원과 목표가 공개되어 있으니 어떤 평가를 볼지 대략 알 수 있습니다. 앞서 학습목표, 단원명만 확인해도 전략적 접근을 할 수 있다고 이야기했습니다. 수행평가는 수업만 잘 들었다면 누구든 '매우 잘함'을 맞을 수 있을 만큼 쉽지만 어떻게 답을 써야 할지 방법을 모르는 아이들과 불성실한 아이들은 좋은 성적을 거두기 어렵습니다.

수행평가 계획표를 보고 어떤 단원이 주요 단원이고, 어떤 부분이 우리 아이가 꼭 공부해야 할 내용인지 파악하면서 아이와 이야기를 나눠 보세요. 아이가 잘 모르는 부분이 있다면 교과서를 살펴보길 추천합니다.

초등 수학의
핵심 영역 및 특징

초등 아이들은 진로를 확정하기에 아직 어리고 가능성은 무궁무진하게 열려 있습니다. 그래서 아이들의 꿈은 시시각각 변하지요. 어떤 때는 조종사였다가 다음 해에는 크리에이터가 되기도 합니다. 꿈을 이루기 위해서는 어떤 과목도 소홀히 해서는 안 되지만 그중에서도 모든 학문의 기초가 되는 수학은 더욱 중요합니다.

초등 수학은 수와 연산, 도형, 측정, 규칙성, 자료와 가능성의 5가지 영역으로 구성되어 있습니다. 자연수, 분수, 소수의 의미와 사칙 연산에 대해 배우는 '수와 연산', 주변에서 흔히 볼 수 있는 평면도형과 입체도형에 대해 배우는 '도형', 실생활에서 활용하는 양의 '측정'과 어림하기, 생활 속의 여러 현상을 탐구하는 데 필요한 '규칙성', 자료를 수집하고 분류한 후 해석해서 그래프로 나타내는 '자료와 가능성' 영역입니다.

수학을 공부하는 이유는 어떤 문제를 풀기 위해 추측하고, 논리적으로 분석하고, 창의적인 방법은 없는지 새롭게 시도하는 능력을 키우는 것입니다. 그 과정에서 다른 사람과 의사소통을 하면서 도전하는 태도를 갖추기도 해야 합니다.

많은 학부모가 연산이 초등 수학의 전부라고 생각합니다. 물론 연산이 중요한 것은 맞습니다. 가장 기본이 되는 수학 능력이지요. 하지만 다음 표에 나와 있는 5가지 영역을 골고루 익혀야 수학 몸이 제대로 만들어졌다고 할 수 있습니다. 연산만 잘하는 학생은 하체 근육만 발달하고 상체는 빈약한 사람의 몸과 같다고 할 수 있습니다.

초등 수학의 5가지 영역

영역	핵심 개념
수와 연산	수의 체계
	수의 연산
도형	평면도형
	입체도형
측정	양의 측정
	어림하기
규칙성	규칙성과 대응
자료와 가능성	자료 처리
	가능성

수학을 바라보는 시각이 연산, 사고력 수학, 창의력 수학 등 부분에만 매몰되면 안 됩니다. 전체를 넓게 볼 수 있어야 합니다. 1학년부터 6학년까지 수학 학습 로드맵을 그린 다음 아이의 수학 학습을 도와야 합니다. 큰 흐름을 잘 잡아야 작은 흐름까지 꼼꼼하게 세울 수 있기 때문입니다.

수와 연산

*

핵심 개념	일반화된 지식
수의 체계	수는 사물의 개수와 양을 나타내기 위해 발생했으며, 자연수, 분수, 소수가 사용된다.
수의 연산	자연수에 대한 사칙 계산이 정의되고, 이는 분수와 소수의 사칙 계산으로 확장된다.

수와 연산은 수학에서 가장 먼저 떠올리는 영역입니다. 수학 공부를 잘하기 위해서 가장 중요하고 기본적인 영역이기도 합니다. 학년별 구성 내용 요소를 봐도 수와 연산이 가장 많습니다.

다음은 수와 연산 영역의 학년별 흐름입니다. 1학년 때 수 세기를 배우고, 2학년부터 곱셈을 배웁니다. 3학년 때 나눗셈을 배우면서 분수의 개념을 처음 접합니다. 그럼 자세히 알아볼까요?

학년	내용 요소	학습 요소
1-2학년	• 네 자리 이하의 수 • 두 자릿수 범위의 덧셈과 뺄셈 • 곱셈	덧셈, 뺄셈, 곱셈, 짝수, 홀수, +, −, ×, =, >, <
3-4학년	• 다섯 자리 이상의 수 • 분수 • 소수 • 세 자릿수의 덧셈과 뺄셈 • 자연수의 곱셈과 나눗셈 • 분모가 같은 분수의 덧셈과 뺄셈 • 소수의 덧셈과 뺄셈	나눗셈, 몫, 나머지, 나누어떨어짐, 분수, 분모, 분자, 단위분수, 진분수, 가분수, 대분수, 자연수, 소수, 소수점, ÷
5-6학년	• 약수와 배수 • 약분과 통분 • 분수와 소수의 관계 • 자연수의 혼합 계산 • 분모가 다른 분수의 덧셈과 뺄셈 • 분수의 곱셈과 나눗셈 • 소수의 곱셈과 나눗셈	약수, 공약수, 최대공약수, 배수, 공배수, 최소공배수, 약분, 통분, 기약분수

1-2학년은 네 자리 이하의 수, 두 자릿수 범위의 덧셈과 뺄셈, 곱셈을 배웁니다. 0~100까지의 수 개념을 이해하고 네 자릿수를 읽고 쓸 수 있어야 합니다. 수의 크기를 비교하는 활동도 합니다. 가르기와 모으기 활동을 통해서 수 감각을 기르기도 합니다. 두 자릿수 범위의 덧셈과 뺄셈에서는 덧셈과 뺄셈의 의미와 계산 원리를 이해하고 계산합니다. 또 □가 사용된 덧셈식과 뺄셈식을 만들고 값을 구하는 활동도 합니다. 문제에서 '어떤 수'라고 나오면 □로 표현하는 풀이 방법도 배웁니다. 이 부분은 방정

식의 기초가 되는 부분입니다. 이 개념을 제대로 알아야 중등 수학에서도 방정식을 잘 이해할 수 있습니다.

곱셈의 의미를 아는 것도 중요합니다. 곱셈이 뭐냐고 물으면 많은 아이들이 "구구단이요."라고 말합니다. 곱셈구구를 외우는 이유는 곱셈을 빠르게 하기 위해서지 곱셈이 곧 곱셈구구는 아닙니다. 흔히 아이들에게 "2 곱하기 4가 무슨 뜻인지 알아?"라고 물으면 "이사팔이요."라고 대답합니다. 그러니까 무엇을 묻는지 질문을 이해하지 못합니다. $2 \times 4 = 2 + 2 + 2 + 2$라고 이해하고 말로 표현해야 합니다. '2 곱하기 4는 2를 네 번 더한 것과 같다.'처럼 말할 수 있어야 합니다.

3학년 때 분수와 나눗셈의 개념이 처음 나옵니다. 덧셈과 뺄셈의 관계처럼 곱셈과 나눗셈의 관계도 이해해야 합니다. 다음 상자를 보면 덧셈과 뺄셈이 짝이 되어 계산할 수 있어야 합니다. 곱셈과 나눗셈도 마찬가지고요. 덧셈과 뺄셈이 짝꿍, 곱셈과 나눗셈이 짝꿍이라는 걸 아이에게 말해 주세요.

$$3 + \square = 5$$
$$\square = 5 - 3$$

$$4 \times \square = 8$$
$$\square = 8 \div 4$$

아마 아이들이 처음으로 벽에 부딪치는 부분이 분수라고 생각합니다. 하나면 하나고, 둘이면 둘이지 전체에서 차지하는 부분의 양을 구하라고 하니 머릿속이 복잡해지기 때문입니다. 내 눈앞에 있는 피자는 1조각입니다. 아이들에게는 그냥 1입니다. 그런데 이게 몇 분의 몇인지 말하라고 하니 어지럽습니다. 분수는 '전체를 똑같이 나누고 그중에서 몇 개인지 표현하는 형태'입니다. 이 개념을 정확하게 알고 넘어가야 합니다. 아이가 이해를 못한다면 집에 있는 블록 장난감이나 색종이 등 사물을 가지고 설명하면 좋습니다. 발달단계상 구체물을 이용하면 더 쉽게 이해할 수 있습니다.

분수의 의미를 이해했다면 표현하는 형태에 대해서도 알아야 합니다. 한 개, 두 개와 같이 물건을 세는 단위가 있듯이 분수에도 $\frac{1}{2}, \frac{1}{3}, \frac{1}{4}$처럼 셀 수 있는 단위분수가 있습니다. 진분수는 $\frac{1}{2}, \frac{2}{5}$처럼 분모가 분자보다 큰 분수, 가분수는 $\frac{3}{3}$이나 $\frac{5}{2}$처럼 분모가 분자와 같거나 작은 분수, 대분수는 $1\frac{1}{3}$처럼 허리에 대를 두르는 것처럼 분수 옆에 자연수가 있는 분수라는 의미도 알아야 합니다. 대분수의 '대'는 大(큰 대)가 아니라 帶(띠 대) 자를 씁니다.

분수의 의미와 형태에 대해 알고 나면 분수와 소수의 관계도 배우고, 분수와 소수의 덧셈과 뺄셈도 배웁니다. 그러면 아이들은 1보다 작은 수를 어떻게 계산하는지 알게 된답니다. 수학 공부는 정답을 맞히고 틀리고가 중요한 것이 아니라 어느 지점에서 아이가 실수하는지 정확하게 파악해야 합니다.

5-6학년은 지금까지 배웠던 수준보다 한걸음 더 나아갑니다. 덧셈, 뺄셈, 곱셈, 나눗셈을 혼합해서 계산하는 혼합 계산을 배우고 약수와 배수, 최대공약수와 최소공배수를 배웁니다. 3-4학년 때 분모가 같은 분수의 계산을 배웠다면 5-6학년에는 분모가 다른 분수를 통분한 후 덧셈과 뺄셈, 곱셈과 나눗셈을 합니다. 분수와 소수의 관계를 이해하고 크기 비교도 합니다. 또 소수의 곱셈과 나눗셈 단원을 통해 자연수의 나눗셈, 자연수와 소수의 나눗셈에서 몫을 소수로 나타내는 활동도 합니다.

혼합 계산을 배우는 목적은 덧셈, 뺄셈, 곱셈, 나눗셈의 순서를 어떻게 하는지 알기 위해서입니다. 이 과정에서 지나치게 복잡한 혼합 계산은 하면 안 됩니다. 학습목표가 사칙연산의 순서이지 복잡한 문제의 해결이 아니기 때문입니다.

수학을 잘하는 아이와 그렇지 않은 아이는 약수와 배수 단원에서 많이 나뉩니다. 곱셈을 이해하지 못했고, 수의 양감도 직관적으로 알고 있지 못하면 문제를 풀 수 없기 때문입니다. 지금까지 배웠던 내용의 총아가 이 단원이라고 할 수 있습니다. 이 문제는 하루아침에 보충되지 않습니다. 제법 긴 시간이 필요하기에 5학년이 되기 전에 곱셈과 수의 관계를 완벽하게 이해해야 합니다.

도형

*

핵심 개념	일반화된 지식
평면도형	주변의 모양은 여러 가지 평면도형으로 범주화되고, 각각의 평면도형은 고유한 성질을 갖는다.
입체도형	주변의 모양은 여러 가지 입체도형으로 범주화되고, 각각의 입체도형은 고유한 성질을 갖는다.

1-2학년 「도형」 단원은 우리가 주변에서 볼 수 있는 것들을 활용하여 공간 감각을 키우는 굉장히 중요한 단원입니다. 이 단원에서는 평면도형과 입체도형을 배우며, 도형 조합을 통해 다양한 모양을 만들고 분류하는 활동을 합니다. 어린아이들은 책으로 배우기보다 손으로 직접 만지는 조작 활동을 좋아합니다. 입체도형

학년	내용 요소	학습 요소
1-2학년	• 평면도형의 모양 • 평면도형과 그 구성 요소 • 입체도형의 모양	삼각형, 사각형, 원, 꼭짓점, 변, 오각형, 육각형
3-4학년	• 도형의 기초 • 원의 구성 요소 • 여러 가지 삼각형 • 여러 가지 사각형 • 다각형 • 평면도형의 이동	직선, 선분, 반직선, 각, (각의) 꼭짓점, (각의) 변, 직각, 예각, 둔각, 수직, 수선, 평행, 평행선, 원의 중심, 반지름, 지름, 이등변삼각형, 정삼각형, 직각삼각형, 예각삼각형, 둔각삼각형, 직사각형, 정사각형, 사다리꼴, 평행사변형, 마름모, 다각형, 정다각형, 대각선
5-6학년	• 합동 • 대칭 • 직육면체, 정육면체 • 각기둥, 각뿔 • 원기둥, 원뿔, 구 • 입체도형의 공간 감각	합동, 대칭, 대응점, 대응변, 대응각, 선대칭도형, 점대칭도형, 대칭축, 대칭의 중심, 직육면체, 정육면체, 면, 모서리, 밑면, 옆면, 겨냥도, 전개도, 각기둥, 각뿔, 원기둥, 원뿔, 구, 모선

을 다루면서 생긴 감각을 바탕으로 평면도형을 배우고, 세모, 네모, 원 등 다양한 도형을 조합해 새로운 모양을 만드는 활동을 하면서 직관적으로 도형을 분류합니다.

교실에서 꾸미기 활동을 할 때는 아이들이 일상에서 쉽게 볼 수 있는 재료를 활용하여 수업을 하는 경우가 많습니다. 친숙한 재료를 사용하면 수학이 실생활과 밀접한 관련이 있다고 느낍니다. 도형 조합을 통해 새로운 모양을 만드는 활동을 하면서 자연스럽게 창의력과 사고력이 발달합니다. 아이가 「도형」 단원을 어렵다고 느낀다면 가정에서 평면도형과 입체도형을 찾는 활동을 해 보면 좋습니다. 머리로 생각하는 것보다는 도형을 직접 눈으로 보고 만지면 이해하기 쉽겠죠?

3-4학년에서는 도형, 삼각형, 사각형, 다각형, 평면도형 이동, 원 구성 요소 등을 배웁니다. 직선, 선분, 반직선의 개념과 각, 직각, 예각, 둔각을 구별하는 활동, 평면도형 이동으로 합동과 대칭 개념을 배우는 겁니다. 중심, 반지름, 지름 등 원의 구성 요소를 배우고 원을 이용한 무늬 꾸미기 활동, 삼각형과 사각형을 분류하는 활동, 다각형과 성질을 이해하는 활동도 합니다. 그리고 생활 속에서 평면도형이 이동하면 어떻게 되는지에 대해서도 배웁니다. 정삼각형, 이등변삼각형도 이 단원에서 배웁니다.

5-6학년은 합동과 대칭, 직육면체와 정육면체, 각기둥과 각뿔, 원기둥과 원뿔, 입체도형의 공간 감각을 배웁니다. 종잇조각을 직접 움직이는 조작 활동을 통해 합동 모양이 무엇이며 이를 식별하는 방법도 배웁니다. 대응점, 대응변, 대응각과 선대칭, 점대칭 도형에 대해서도 배웁니다. 「합동과 대칭」 단원은 미술 활동을 생각하면 쉽게 이해할 수 있습니다. 도화지 한쪽에 나비 날개 반을 그리고 접었다 펴면 한 마리의 나비가 되는 데칼코마니를 기

억하나요? 합동과 대칭을 설명하는 데 이만한 도구가 없습니다.

수학은 나선형 교육과정입니다. 저학년 때 배웠던 내용을 확장해서 고학년으로 이어집니다. 기초 학습이 되어야 기본 학습을 할 수 있고, 기본 학습이 되어야 응용 학습을 할 수 있습니다. 그렇기 때문에 포기하고 넘어가는 단원이 있으면 절대 안 됩니다.

측정

＊

핵심 개념	일반화된 지식
양의 측정	생활 주변에는 시간, 길이, 들이, 무게, 각도, 넓이, 부피 등 다양한 속성이 존재하며, 측정은 속성에 따른 단위를 이용하여 양을 수치화하는 것이다.
어림하기	어림을 통해 양을 단순화하여 표현한다.

사람들은 일상생활 속에서 시각과 시간, 길이, 들이, 무게, 각도, 둘레, 넓이, 부피 등 다양한 속성을 잽니다.

'지금은 몇 시 몇 분이다.'

'집부터 학교까지의 거리는 몇 미터이다.'

'강아지의 몸무게는 몇 킬로그램이다.'

학년	내용 요소	학습 요소
1-2학년	• 양의 비교 • 시각과 시간 • 길이(cm, m)	시, 분, 약, cm, m
3-4학년	• 시간, 길이(mm, km), 들이, 무게, 각도	초, 도($°$), mm, l, ml, g, kg, t
5-6학년	• 원주율 • 평면도형의 둘레, 넓이 • 입체도형의 겉넓이, 부피 • 수의 범위 • 어림하기(올림, 버림, 반올림)	이상, 이하, 초과, 미만, 올림, 버림, 반올림, 가로, 세로, 밑변, 높이, 원주, 원주율, cm^2, m^2, km^2, cm^3, m^3

1-2학년은 양의 비교, 시각과 시간, 길이를 배웁니다. 구체물을 이용하여 길이, 들이, 무게, 넓이를 비교하고 길다/짧다, 많다/적다, 무겁다/가볍다, 넓다/좁다 등을 구별하는 활동을 합니다. 시계를 보고 몇 시 몇 분인지 알고 분, 시간, 일, 주일, 개월, 연 사이의 관계를 알기 위한 활동을 합니다. 표준 단위에 대해서도 배웁니다. cm과 m의 단위를 알고 상황에 맞게 적절한 단위를 사용하

게 하는 겁니다. 100cm가 1m임을 이해해야 추후 배울 km를 이해할 수 있습니다.

우리는 물건의 길이를 잴 때 자를 이용합니다. 그런데 자의 눈금과 대상의 길이가 정확하게 일치하지 않습니다. 이를 통해 근삿값을 배웁니다. "이 정도면 ○cm쯤 되겠네."라고 합니다. 이렇게 공부하며 어림의 개념과 필요한 이유를 알 수 있습니다. 양을 비교할 때는 직관적 비교, 직접 비교, 간접 비교 등 다양한 방법으로 이해하기도 합니다.

시계는 구체물을 이용하는 것이 좋습니다. 아이들이 모형 시계를 직접 조작하면서 시침과 분침의 의미를 더 쉽게 이해할 수 있습니다. 평소에도 5분 전, 15분 전을 사용해 주세요.

3-4학년은 시간, 길이, 용량, 무게 및 각도에 대해 배웁니다. 아이들은 시간 단위에서 분과 초 사이의 관계를 이해해야 합니다. 길이 단위에서는 1mm와 1km에 대해 배우고 1mm, 1cm, 1m, 1km의 관계를 이해하는 활동을 합니다. 또한 용량의 표준 단위에 대해 배우고 1l와 1ml 사이의 관계, 1g과 1kg의 무게 관계에 대해서도 배웁니다. 마지막으로 각도를 측정하고 각도에 대해서도 배웁니다. 시간을 더 잘 이해하려면 아이들은 시간과 시각을 구별해야 합니다. 그 순간 시점을 표현하는 건 '시각'입니다.

지후: 코치님, 토요일 축구 훈련 몇 시예요?

코치: 응, 오후 3시야.

시작부터 끝까지 얼마나 걸리는지 묻는 건 '시간'입니다.

지후: 그럼 몇 시간 동안 해요?

코치: 응, 2시간 동안 할 거야.

5-6학년은 어림하기, 평면도형의 둘레와 넓이, 원주율과 원의 넓이를 배웁니다. 어림하기 단원에서 아이들의 발목을 잡는 내용이 나옵니다. 그건 바로 '이상', '이하', '초과', '미만'입니다. 어른들 입장에서는 이걸 왜 어려워하는지 이해가 안 될 수도 있습니다. 그런데 아이들을 가르쳐 보면 학급에서 $\frac{1}{3}$ 정도의 아이들이 이해하는 데 오래 걸립니다. 이때는 반복이 최고입니다. 용어를 알아야 개념을 이해할 수 있습니다. 이어서 나오는 올림, 버림, 반올림 단원도 어려워하는 아이들이 정말 많습니다. 이때는 교과서에 있는 문제를 가지고 연습하면 좋습니다. 숫자만 바꿔서 백지에 써서 연습하는 걸 추천합니다.

우리는 실생활에서 모든 값을 정확하게 말하지 않을 때가 자주 있습니다. 흔히 "집에서 학교까지 걸어서 얼마나 걸려?"라고 묻는다면 5분 7초 걸린다고 답하지 않고 "5분 정도 걸려요."라고 말합니다. 이런 이야기를 하면서 일상생활에서도 어림값을 자주 사용한다고 말해 주면 아이들이 훨씬 이해하기 쉬울 겁니다.

원주율을 표현할 때 쓰는 3, 3.1, 3.14 등은 정확한 값이 아니라 근삿값입니다. 상황에 따라 적절한 값을 써야 한다고 알려 줄 필요가 있습니다. 원주율, 원주, 원의 넓이 등을 구할 때 식이 복잡하면 계산기를 사용할 수도 있습니다. 수학 계산을 할 때 계산기를 이용하면 절대 안 된다고 생각하는 분도 있죠? 이 단원의 목표는 연산 능력 기르기가 아닙니다. 연산 능력 기르기가 목표인 단원에서는 당연히 계산을 직접 해야 하지만 이 단원에서는 계산기를 사용해도 됩니다. 공대생도 계산기를 사용한답니다. 아이들도 학습목표에 따라 도구를 적절하게 사용하면 됩니다.

규칙성

*

핵심 개념	일반화된 지식
규칙성과 대응	규칙성은 생활 주변의 여러 현상을 탐구하는 데 중요하며 함수 개념의 기초가 된다.

생활 주변이나 여러 상황에서 찾을 수 있는 규칙은 생활 속 복잡한 문제를 해결하는 데 유용하고 추론 능력을 키워 줄 수 있습니다. 이 단원은 규칙 찾기, 규칙을 수나 식으로 나타내기, 규칙과 대응, 비와 비율, 비례식과 비례배분으로 구성되어 있습니다.

학년	내용 요소	학습 요소
1-2학년	• 규칙 찾기 • 분류하기 • 표 • ○, ×, / 를 이용한 그래프	표, 그래프
3-4학년	• 간단한 그림그래프 • 막대그래프 • 꺾은선그래프	그림그래프, 막대그래프, 꺾은선그래프
5-6학년	• 평균 • 그림그래프 • 띠그래프, 원그래프 • 가능성	평균, 띠그래프, 원그래프, 가능성

1-2학년은 물체, 무늬, 수 등의 배열로 규칙을 찾고 여러 가지 방법으로 나타내는 것을 배웁니다. 그리고 자기 나름대로 규칙을 만들어서 물체를 배열하는 활동도 합니다. 아이와 함께 집에서 흔히 볼 수 있는 물체로 문제 내고 풀기 활동을 한다면 추론 능력을 키울 수 있습니다.

다음 순서에 올 모양이 무엇인지 구하는 활동을 한다고 생각해 볼까요? 보자마자 답이 보이지요? 하지만 아이는 그렇지 않을 수 있습니다. 답답하더라도 답을 말할 때까지 기다려 주세요. 힌트를 주거나 빨리 말하라고 재촉하면 생각하는 힘을 기를 수 없습니다. 자신감도 떨어집니다. 기다릴 자신이 없다면 차라리 다른 생각을 하고 있길 권합니다. 만약 틀린 답을 말한다면 왜 그렇게 생각했는지 물어보고 다시 생각할 시간을 주세요. 어려운 내용이 아니기 때문에 충분한 시간과 기회를 주면 풀 수 있습니다.

규칙을 찾을 때는 손으로 써야 합니다. 생각만으로 풀 수도 있지만, 손으로 풀 때 규칙이 더 잘 보입니다. 수학은 손이 부지런해야 하는 과목이랍니다.

3-4학년은 규칙을 수나 식으로 나타내는 활동을 합니다. 1-2학년 때 규칙을 찾고 물체를 배열하는 활동을 했다면, 이제는 규칙을 설명하고 수나 식으로 나타내는 활동을 합니다. 계산식을 통해서 계산 결과를 추측하는 활동도 합니다. 하지만 계산이 이 단원의 목표가 아니기 때문에 너무 복잡한 식은 사용하지 않도록

주의해야 합니다.

5-6학년은 규칙과 대응, 비와 비율, 비례식과 비례배분을 배웁니다. 「규칙과 대응」에서는 어떤 양이 변할 때 다른 양이 따라서 변하는지에 대해 배운답니다. 이를 통해서 규칙을 발견하고 네모와 세모 등의 그림 문자로 식을 표현하는 활동을 합니다. 「비와 비율」 단원에서는 두 양의 크기를 비교할 때 비의 개념으로 비교를 합니다. 비율을 이해하면서 분수, 소수, 백분율로 나타내는 활동을 합니다.

「비례식과 비례배분」 단원에서는 비례식을 이해하고 성질을 이용해서 간단한 비례식을 풉니다. 또 비례배분을 배우고 비례배

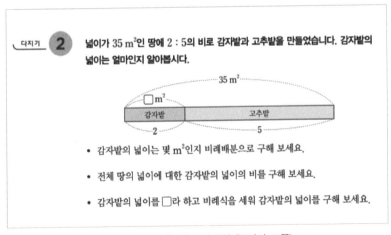

초등 6학년 2학기 수학 교과서(천재교과서, 87쪽)

분하는 활동도 합니다. 두 양의 대응 관계는 사칙연산 중에서 하나로 표현할 수 있는 간단한 경우만 이용하면 됩니다. 이 단원의 목표가 연산이 아니기 때문입니다.

자료와 가능성

*

자료를 분류하고 정리하는 통계 활동을 하는 단원입니다. 1-2학년은 분류하기, 표 만들기, 그래프 그리기 활동을 합니다. 「표 만들기」 단원은 분류한 자료를 표로 만들어서 보기 쉽게 정리하는 활동입니다. 이때 익힌 능력은 사회나 과학에서 결과를 정리할 때 필요하기 때문에 잘 알아두어야 합니다.

「그래프 그리기」 단원에서는 결과를 그래프로 표현해서 직관적으로 결과를 알 수 있는 활동을 합니다. 이 주제 역시 다른 과목에서 결과를 정리할 때 필요한 기초 학습 내용이 됩니다. 자료도 아이들이 실생활에서 쉽게 접할 수 있는 것으로 하면 좋습니다. 익숙한 소재로 해야 이해가 더 잘되거든요. 표로 만들 때는 자료가 빠지지 않았는지 꼼꼼하게 확인해야 합니다. 자료가 빠지면 결과가 달라지기 때문입니다.

많은 학부모가 "우리 아이는 왜 이렇게 덤벙거리는지 모르겠어요."라고 이야기하는데 아이들이 쉽다고 생각해서 눈으로만 대충 확인하기 때문입니다. 집에서 공부할 때 연필로 결과를 표시하는지 체크해야 합니다. 정확하게 쓰는 연습이 필요합니다.

3-4학년은 간단한 그림그래프, 막대그래프, 꺾은선그래프 그리기 활동을 합니다. 실생활 자료를 수집해서 자료에 따라 어떤 그래프를 사용할지 이해한 후 간단한 그래프로 나타냅니다. 그러니 자료의 특성에 맞게 적절한 그래프를 선택하는 능력이 중요합니다.

5-6학년은 평균, 그림그래프, 띠그래프, 원그래프, 가능성에 대해 배웁니다. 우리는 평균을 생활 속에서 많이 사용하는데 아이들이 가장 싫어하는 시험 점수 평균이 대표적인 값입니다. 이 단원을 통해서 아이들은 다양한 그래프가 있다는 걸 알 수 있습니다. 내가 표현하려는 정보의 속성에 따라 선택하는 그래프가 다르다는 것도 알아야 한다는 걸 꼭 이야기해 주세요.

공부 자신감을 키우는
초등 수학 학습 전략

초등 교육과정에서 수학을 공부하면서 생각해야 할 3가지 핵심 사항은 무엇일까요?

메타인지 스위치 켜기

＊

자신이 아는지 모르는지 정확하게 파악하는 '메타인지'가 중요합니다. 아이들은 설명을 들을 때는 다 안다고 생각합니다. 하지만 그건 착각입니다. 모르는 문제의 해답을 볼 때도 마찬가지입니다. '음~ 이거구나! 쉽네.'라고 생각합니다. 그럼 풀이 과정을 제대로 공부한 걸까요? 그렇지 않습니다. 다음 날이 되면 문제 풀이가 전혀 기억나지 않습니다. 그 이유가 뭘까요? 내가 직접 푼 것이 아니기 때문에 머릿속에 저장되지 않고 눈과 귀를 거쳤다가 밖으로 나가 버렸기 때문입니다. 진짜 내 것이 되지 않았다는 뜻입니다. 그렇다면 어떻게 해야 할까요?

스스로 생각하는 시간이 필요합니다. '왜 이 문제를 이렇게 풀까? 다른 방법은 없을까?' 수학 점수가 좋으려면 대부분 문제를 많이 푸는 '양치기'를 얘기하는데, 적게 풀더라도 혼자 깊이 생각해서 푸는 시간을 갖는 게 더 중요합니다.

채점을 할 때는 10~20문제 정도 분량을 정해 놓고 다 푼 다음에 채점을 해야 합니다. 모르는 문제에 표시도 합니다. 한 문제 풀고 바로 채점하면 생각할 시간을 가질 수 없습니다. 맛있는 밥을 짓기 위해서는 뜸을 들여야 하듯 생각할 시간을 충분히 가져야 수학 실력이 늡니다.

연필을 사용해 손으로 문제 풀기

＊

다음으로 손으로 깔끔하게 쓰면서 풀어야 합니다. 수학 시험을 보면 생각했던 것보다 점수가 낮게 나오는 경우가 많습니다. 다시 풀면 다 맞는데 말입니다. 아이들은 계산 과정에서 연산 실수를 한 것뿐이라 생각합니다. 그것이 과연 실수일까요? 수와 연산은 계산을 틀리지 않고 하는 능력을 측정하는 영역입니다. 연산을 틀렸다면 수와 연산 영역의 학습목표에 도달하지 못했다는 뜻입니다. 연산을 틀리지 않으려면 어떻게 해야 할까요? 문제를 꼼꼼히 읽고 차분하게 풀어야 합니다. 너무나 뻔하지만 만고불변의 진리입니다.

문제를 풀 때 문제 옆의 빈 공간에 중구난방으로 숫자를 쓰며 푸는 아이들이 많습니다. 그렇게 풀면 안 됩니다. 계산은 언제나 틀릴 수 있기 때문입니다. 검산을 하거나 틀린 문제를 다시 풀 때는 내가 어디서 틀렸는지 알아야 합니다. 그래야 다음에 같은 실수를 안 합니다. 숫자를 복잡하게 써 놓으면 어디에서 틀렸는지 찾기 어렵습니다. 처음부터 숫자를 바르게 쓰면서 깔끔하게 푸는 연습을 하도록 이끌어 주세요.

또 식을 세우고 순서대로 풀어 내려가는 연습을 해야 합니다. 특히 초등학교 때는 순차적으로 쓰면서 문제를 푸는 연습이 필수입니다. 내가 어느 부분에서 틀렸고, 어느 부분을 잘 모르는지를 파악해야 합니다.

다음 문제는 시험에 항상 나오지만 아이들은 어려워하는 문장제입니다. 당연히 눈으로 쓱 읽어서는 쉽게 이해할 수 없습니다. 문장제 문제를 풀 때는 어떻게 해야 할까요?

지후는 축구 선수가 꿈이에요. 그래서 하루에 축구 연습을 1시간 30분씩 하기로 했어요. 만약 하루도 쉬지 않고 30일 동안 매일 연습한다면 지후가 연습한 시간은 모두 얼마가 될까요?

우선 연필을 이용해 문제에 표시를 하면서 문제를 분석해야 합니다. 무슨 말이냐고요? 문제를 푸는 데 연필을 이용하지 않는 사람이 있냐고요? 네, 있습니다. 정확히 말하면, 연필을 손에 들고만 있는 아이들이 있습니다. 연필은 선을 긋거나 글씨를 쓰기 위한 도구인데 말입니다. 그럼 어떻게 공부해야 하는지 살펴볼까요?

지후는 축구 선수가 꿈이에요. 그래서 하루에 축구 연습을 1시간 30분씩 하기로 했어요. 만약 하루도 쉬지 않고 30일 동안 매일 연습한다면 지후가 연습한 시간은 모두 얼마가 될까요?

우선 문제에서 우리가 구해야 하는 목표에 밑줄을 긋습니다. 이 문제에서는 '지후가 연습한 시간은 모두 얼마가 될까요?'에 밑줄 그어야 합니다. 이것이 문제에서 구해야 하는 부분입니다. 다음으로 문제에서 주어진 조건을 찾아야 합니다. '하루에 1시간 30분을 했고', '30일 동안 매일 했다' 이 2가지가 확인해야 할 조건입니다. 여기에 동그라미 칩니다.

구해야 할 것과 주어진 조건을 확인했으니 이제 푸는 일만 남았죠? 내가 이 문제에서 구할 부분을 아는지 모르는지에 따라 풀 수 있고 없고가 결정됩니다. 주어진 조건을 알고 있는지 모르고 있는지도 중요합니다. 알고 있는 부분과 모르고 있는 부분을 정확히 파악해야 합니다. 교과서 매 단원이나 차시의 마지막 부분에 항상 문장제가 있습니다.

다른 사람에게 설명하기

✽

아인슈타인은 "남에게 쉽게 말로 설명할 수 없다면 이해하고 있는 것이 아니다."라고 말했습니다. 누군가에게 설명하려면 머릿속의 생각을 정리해야 합니다. 정리되지 않으면 말로 설명할 수 없습니다. 상대방이 문제를 이해하지 못하면 내가 이해한 수준보다 더 쉽게 풀어서 설명해야 합니다. 그러려면 더 쉬운 용어로 쪼개고 쪼개서 설명할 수 있어야 합니다.

이때 내가 완벽하게 이해하지 못하면 쉽게 설명하는 게 만만치 않습니다. 나는 당연하다고 생각하는데 상대방이 "왜 당연해?"라고 물으면 참 난감합니다. 자기 생각을 정리하고 논리를 담아 풀어서 표현할 수 있어야 진짜 수학 실력이 완성됩니다.

정확한 심화학습 목표 세우기

*

"선행학습을 꼭 해야 할까요?" "선행학습이 중요한가요, 심화학습이 중요한가요?"

학부모가 가장 궁금해 하는 질문입니다. 무엇이 더 중요할까요? 김 빠지는 답이지만 둘 다 중요합니다. 시간이 있고 실력이 되면 둘 다 해야 합니다. 하지만 둘 중 하나를 선택해야 한다면 필자는 당연히 심화학습을 고르겠습니다.

선행학습의 장점은 선행학습으로 한 번, 학교 정규 수업으로 한 번, 같은 내용을 두 번 배우는 겁니다. 그런데 두 번 배우면 한 번 배운 아이보다 무조건 더 잘할까요? 반은 맞고 반은 틀렸습니다. 왜냐하면 우리가 기대하는 선행학습의 장점은 아이 몸에 바른 학습법이 갖춰져 있을 때 나타나기 때문입니다. 무슨 뜻이냐고요? 아이가 선행학습을 하면 학교 수업에 대한 흥미가 낮아집니다. 학원에서 이미 배워서 아는 내용이라고 착각하고 우습게 여기는 경향이 있기 때문입니다. 이런 아이는 당연히 학교 수업에 집중하지 않습니다.

그런데 정말로 다 알고 있을까요? 보통 학원에서는 여러 이유로 깊이보다 속도를 중요시 하는 경우가 많습니다. 진도를 쭉쭉 나가야 학부모에게 보여 주기 좋기 때문입니다. 하나의 계산 원리를 가지고 40분 동안 풀어서 설명하고 생각하는 시간을 주는 경우는 거의 없습니다. 구조상 그럴 수 없습니다. 그런데 학교는 다릅니다. 초등 수학 교육과정은 시간이 상대적으로 여유 있습니다. 생각할 시간을 제법 길게 가질 수 있습니다. 그 덕에 원리부터 차근차근 짚을 수 있지요.

심화학습이 중요한 이유는 스스로 생각할 시간이 필요하기 때문입니다. 학습한 내용이 내 것이 되려면 스스로 생각을 해야 합니다. 머리에 집어넣는 것보다 더 중요한 활동은 뇌에 정리하는 것입니다. 선행학습을 할 때는 새로운 내용을 익히기 위해서 무조건적으로 머리에 집어넣는 경우가 많습니다. 제한된 시간에 많은 문제를 풀어서 능숙하게 만들어야 하기 때문입니다.

심화학습은 선행학습과 다릅니다. 적은 양의 문제를 풀더라도 깊이 생각합니다. 심화 문제는 어려워서 빠른 속도로 풀 수도 없습니다. 쉽게 문제를 분석할 수 있는 선행학습의 기본 문제와 다르게 심화 문제는 문제 분석부터 풀이까지 많은 생각이 필요합니다. 스스로 생각하는 힘을 기르는 것이 심화학습입니다. 공부의 본질이 올바른 방법으로 부족했던 부분을 채우는 것이라고 한다면, 선행학습보다는 심화학습이 더 가깝습니다.

심화학습을 할 때 그 기준은 내 아이가 되어야 합니다. 친구 누구는 지금 몇 학년 과정을 한다더라, 하는 이야기는 우리 아이 공부에 아무런 도움이 되지 않습니다. 3학년 때 분수가 나오고, 5학년 때 약수, 배수, 통분이 나오는 이유는 그때쯤 되면 아이들이 내용을 받아들일 준비가 되었기 때문입니다. 준비되지 않은 상태에서 밀어 넣기만 하면 튕겨 나옵니다. 무조건 선행학습을 하지 말란 말은 아닙니다. 개인에 따라 다릅니다. 옆집 아이는 가능하지만 우리 아이는 아닐 수도 있습니다. 아이마다 받아들이는 능력이 다르기 때문입니다.

심화학습이 필요하다고 했지만 이건 기본 학습이 잘되어 있는 아이에게 해당하는 말입니다. 기본 학습이 되어 있지 않으면 아이는 심화학습이나 선행학습을 받아들이지 못합니다. 내용을 흡수할 공부 몸이 만들어 있지 않기 때문입니다.

따라서 탄탄한 수학 실력을 쌓기 원한다면 무엇보다 기본 개념을 먼저 익혀야 합니다. 5학년이라 해도 곱셈이 제대로 되어 있지 않다면 곱셈부터 익혀야 합니다. 그래야 약수와 배수를 구할 수 있습니다. 그래야만 공배수를 이용해서 통분하고 분모가 다른 분수의 덧셈과 뺄셈을 할 수 있습니다.

주변을 보면 불안하기만 합니다. 그래도 무조건 기준을 내 아이에게 맞춰야 합니다. 우리 아이의 인생은 아직 깁니다. 조바심 내지 않아도 됩니다. 우리 아이가 다른 아이보다 잘하거나 빠르다고 해서 우쭐해 할 필요도 없습니다. 비교는 부모와 아이 모두 행복해지지 않는 지름길입니다. 수학 학습의 기준을 내 아이로 삼아야 합니다.

초등 영어의
핵심 영역 및 특징

듣기와 말하기

✱

인간이 태어나 가장 먼저 발달하는 기능이 '듣기'입니다. 어린아이가 작은 소리에도 깜짝 놀라는 걸 보면 인간의 귀는 굉장히 예민합니다. 모국어인 한국어를 배울 때도 들어야 말할 수 있습니다. 아이가 눈맞춤은 잘되나 호명 반응(불렀을 때 돌아보는 반응)이 어렵다면 듣기에 문제가 있다는 걸 단번에 알아챌 수 있습니다.

영어에서도 듣기는 영어 공부의 시작임과 동시에 영어 실력을 가늠하는 수단이 됩니다. 초등 영어에서 듣기가 차지하는 비중은 거의 절반에 가깝고, 듣기를 통해 얻은 자료가 말하기, 읽기, 쓰기의 기초가 됩니다. 영어를 처음 교과로 접하는 3학년에서는 수준 높은 듣기 능력을 요구하지 않습니다. 기초적인 듣기와 영어에 대한 흥미와 자신감을 가지는 것이 목표거든요.

그럼에도 아이들이 영어 듣기에 어려움을 느끼는 이유는 소리가 안 들려서가 아니라 무엇을 말하는지 몰라서입니다. 앞에서 말한 것처럼 같은 문장을 2~3시간 동안 반복해도 영어에 대한 두려움이 있거나 집중하지 않았다면 잘 들리지 않을 겁니다.

듣기를 잘하기 위해서는 어떻게 해야 할까요? 교과서를 살펴보겠습니다. 교과서에서는 또래 친구들이 대화를 나누는 dialogue(대화) 상황을 싣고 있습니다. 쉽고 친숙한 표현입니다. "안녕, ○○아. 안녕, △△야." 같은 상황을 반복합니다. 3-4학년에 배우는 영어 문장과 수준을 살펴볼까요?

Sam **Hi, Amy.**	B **What's this?**
Amy **Hi, Sam.**	G **It's a pencil.**
인사하기	질문하고 답하기

A **Hi, Amy. What's this?**

B **It is a dog.**

A **Hi, Sam. What's this?**

B **It is a pencil.**

이 문장을 반복하면 아이들은 자연스럽게 '이것이 무엇이냐?'를 물어볼 때 'It is~'를 사용해서 대답합니다. 이처럼 문장 패턴을 알면 잘 듣게 됩니다. 어떤가요? 그렇게 어렵지 않죠? 이렇게 쉽고 간단한 말이나 대화를 듣고 정보를 파악하는 대화가 초등 3-4학년의 영어 수준입니다.

5-6학년이 되면 그림이나 도표에 대한 대화를 듣고 세부 정보를 파악하는 긴 듣기가 시작됩니다. 다음 예시문은 5학년 2학기 첫 영어 시간에 나오는 대화입니다.

Emma	Hi, Linh. Who is he?
Linh	He's my cousin, Rahul. Rahul, this is my friend, Emma.
Emma	Hello.
Rahul	Hello, Emma. Where are you from?
Emma	I'm from the U.S. How about you?
Rahul	I'm from India.

초등 5학년 2학기 영어 교과서(YBM, 96쪽)

3학년 때보다 길이도 훨씬 길어지고 정보도 더 많죠? 본문 내용을 살펴보면 Linh과 Rahul의 관계, Emma와 Rahul의 출신지를 찾을 수 있습니다.

이 외에도 줄거리 파악하기, 핵심이 되는 중요한 내용 또는 사건이 일어난 순서 알기, 일이 일어난 순서에 따라 연결 및 배열하기, 일이 일어난 순서대로 번호 쓰기 같은 활동도 자주 나오는 듣기 유형입니다.

말하기는 어떨까요? 잘 듣는 아이들도 말하기에 부담을 느끼는 경우가 많습니다. 초등 영어의 말하기에서 가장 중요한 것은 아이가 심리적 부담을 느끼지 않도록 하는 겁니다. 말하기는 친숙한 낱말을 통해 영어의 소리 단위인 음소를 바르게 소리 내는 것부터 시작해야 합니다. 영어 발음은 우리말의 발음과 완전히 다릅니다. 'th' 발음이나 'F' 발음은 현대 국어로는 표현할 수 없습니다. 그래서 영어 발음을 따라 하는 것이 매우 부담스러울 수 있습니다. 그러니 처음부터 정확한 발음을 강조하기보다는 발음을 흉내 내는 정도면 충분합니다. 아이가 영어를 발음하면 응원하고 지켜봐 주세요.

그럼 아이들이 영어와 친숙해지도록 교과서는 어떤 노력을 하고 있을까요? 최근 영어 교과서는 색감도 다양하고 대화 상황도 입체적입니다. 단순히 'I am a boy.'를 배웠던 부모 세대처럼 활자로 문법을 강조하며 배우는 것이 아니라 주인공이 나타나 실제로 말을 합니다. 교과서에는 제목 이외에 해당 문장이 등장하지 않습니다. 교사가 입체적인 상황을 영상을 통해 시각적으로 보여 줍니다. 그리고 아이들이 가장 좋아하는 chant를 넣어 놓습니다.

chant와 song은 무엇이 다를까요? chant는 hook이라고 하는 후렴구를 강조해서 아이들이 따라 부르기 쉽게 만들어 놓은 노래입니다. 노래만 부르는 게 아니라 신체 동작을 함께하게 해서 몸에 자연스럽게 체득하게 합니다. 이렇게 chant를 이용하면 영어의 강세, 리듬, 억양을 자연스럽게 익힐 수 있습니다. 이런 작은 시작이 아이들이 영어와 가까워지게 할 수 있답니다.

"배를 만들게 하고 싶다면 나무와 연장을 주고 배 만드는 법을 가르치기 전에 바다에 대한 동경심을 키워줘라. 그러면 스스로 배 만드는 법을 찾아낼 것이다." 생텍쥐페리의 『어린 왕자』에 나오는 구절입니다. 영어를 학습 대상이나 외국어로 바라보면 마냥 어렵고 지루합니다. 초등 교육과정에서 영어는 학습해야 할 대상이 아니라 전 세계에서 가장 많은 사람이 쓰는 언어로 인식하게 해야 합니다. 그 과정에서 영어 사용 국가의 문화를 접하면 영어를 좀 더 친근하고 편하게 느낄 수 있습니다.

교과서에서는 chant 이외에도 유명한 동화를 각색해 단순한 상황으로 만들어 각 단원에서 배운 문장이 실제로 사용되는 예를 볼 수 있게 해 줍니다. 『어린 왕자』나 『양치기 소년』, 『인어공주』처럼 동화 속 주인공이 말하는 걸 보고 듣게 하면서 문장이 실제 어떻게 사용되는지 재확인시켜 주는 거죠.

　아이가 학교에서 배워 온 영어를 말할 때 주의해야 할 점이 있습니다.

　첫째, 아이가 문장을 기억해서 말한다면 무한 칭찬을 해 주세요. 혹시 조금 틀렸다면 힌트를 줘도 좋습니다. 힌트를 주는 게 어렵다면 오늘 영어 시간에 무엇을 배웠는지 물어보면 아이가 배운 문장을 상기하려고 노력합니다.

　둘째, 아이가 무엇을 배우고 있는지 진도를 확인합니다. 인터넷을 검색하면 아이가 배우고 있는 교과서의 목차를 쉽게 찾을 수 있습니다. 부모가 조금만 노력을 기울이면 차를 타고 이동하는 상황이나 저녁을 먹는 시간 등 일상생활에서 자연스럽게 교과서 영어를 활용해 볼 수 있습니다. 지하철 안내에서 "Watch your step."의 표현, 주변 상점에서 'New arrival.' 같은 표현을 발견하면 이야기를 나누는 거죠. 그러면 아이는 영어를 공부해야 하는 대상이 아니라 '언어'로 받아들일 수 있습니다.

3-4학년 영어가 영어와 친해지는 단계라면 5-6학년은 3-4학년 때 배웠던 말하기 의사소통 능력을 발전시켜야 합니다. 간단한 그림이나 도표를 보고 그것이 담고 있는 사실적 정보에 관해 묻고 대답하는 활동을 하는 거죠. 이처럼 묻고 대답하는 활동을 통해 의미를 교환하는 능력을 기를 수 있습니다.

5-6학년에는 가족이나 친구 등 주변 사람들, 좋아하는 물건 등 친숙한 대상에 관해 1~2문장 묘사하는 수준으로 학습이 이루어집니다. 아이들의 관심사를 중심으로 영어로 묻고 답하는 과정을 통해 3-4학년에 비해 유창성이 길러집니다. 집에서 아이와 함께 연습할 때는 관심사에 따라 주제를 선택하면 효과적입니다. 가족 여행을 계획해야 하는 상황이나 우리 동네 맛집 소개 같은 상황도 효과적입니다.

읽기와 쓰기

＊

3-4학년은 알파벳을 식별하고 영어의 소리와 철자 관계를 이해하여 단어를 읽을 수 있도록 기초를 다지는 단계입니다. 단어 수준의 읽기 자료가 제공되며, 기초 의사소통 능력을 위해 알파벳의 대소문자를 익히는 쓰기 활동이 있습니다. 제목은 문장인데

실제로 쓰는 건 문장이 아닌 알파벳인 거죠.

4학년이 되면 문장 수준까지 읽기 단계가 높아집니다. 읽기의 난이도를 보면 3학년 때는 짧고 간단한 글을 읽고 의미를 이해하고, 4학년 때는 문장 수준으로 학습합니다. 5학년 때는 짧은 글을, 6학년이 되면 교과서에 복잡한 문장 형식이 등장하지만 실제로 문법을 배우지는 않고 이 또한 통문장으로 배웁니다. 문장이 점차 길어지지만 어떤 것이 목적어인지, 어떤 것이 부사인지 같은 문법 용어를 사용하지 않습니다. 아직은 문법적인 설명보다 문장 그 자체를 익히는 것이 더 중요합니다. 국어도 초등 학령기에 부사, 목적어 같은 용어를 사용하며 분석하지 않습니다. 그것과 같은 이유죠.

글쓰기 실력을 높이기 위해서는 좋은 책을 많이 읽는 것이 필요합니다. 좋은 글을 읽는 과정에서 좋은 문장을 많이 익히면 자연스럽게 글 쓰는 능력이 탄탄해질 수 있습니다. 그 때문에 초등 영어 교과서에서 다양한 읽기 자료도 제공한답니다. 세계 여러 나라의 축제나 문화에 대한 내용 같은 것 말이지요.

영어 교육에서 Stephen Krashen 박사가 제안한 'i+1 이론'이 있습니다. 학습자의 현재 레벨이 i라고 했을 때 그 수준보다 약간 높은 난이도의 자료를 제공하는 것이 언어 습득에 가장 좋다는 이론입니다. 습득자가 이해할 수 없을 정도의 어려운 입력 자료(i+2, i+3 등)가 제시되면 학습자의 심리 상태가 불안해지고 언어 습득이 되지 않습니다. 반대로 너무 쉬운 자료(i-1, i-2 등)가 제공되면 학습자에게 새로운 정보가 아니므로 언어 습득은 이루어지지 않는다고 보는 거죠.

적절한 시기에 알맞은 수준의 자료를 제시하는 것은 중요합니다. 그러기 위해서는 먼저 초등 영어 교과서가 기준이 되어야 합니다. 각종 인터넷 정보에서 책을 구하고, 옆집 아이의 학원 레벨 테스트 결과에 관심을 가지기보다 우리 아이의 수준이 어느 정도인지, 학교에서 학습하는 내용이 너무 쉽거나 어렵지 않은지를 파악하는 것이 더 중요합니다.

영어 수행평가의 핵심

＊

학교에서 보는 영어 수행평가를 준비하려면 수행평가의 유형을 먼저 알아야 합니다. 평가는 듣기, 말하기, 읽기 및 쓰기로 나눌 수 있습니다. 아이가 어느 영역을 잘하고, 상대적으로 어느 영역이 부족한지 먼저 확인하고 그 부분에 집중함으로써 균형 잡힌 영어 실력을 갖출 수 있습니다.

듣기 평가는 구어체 영어를 이해하는 능력을 확인하는 평가입니다. 대화나 설명 오디오를 듣고 질문에 답하는 형태입니다. 내용이 단순히 참인지, 거짓인지 고르거나 4지선다형, 5지선다형 같은 객관식 문항도 출제됩니다. 도표나 시각 정보를 해석하는 부분을 추가함으로써 더욱 어려운 문항도 나올 수 있습니다. 이런 문항을 잘 해결하려면 집중력과 메모하는 습관이 필요합니다. 간혹 듣기 평가 후 "선생님, 영어 듣기를 하다가 갑자기 다음 시간에 준비해야 할 칼림바를 챙겨 오지 않은 게 떠올랐어요. 그래서 16번 문제를 아예 못 들었어요."라고 말하며 아쉬워하는 아이들이 있습니다. 듣기 평가는 이런 변수가 많기 때문에 실전과 유사한 환경에서 연습하는 것이 좋습니다.

말하기 평가에서 중요한 점은 꾸준한 연습입니다. 교과서에 나오는 표현을 반복해서 말하는 연습이 필요합니다. 이 표현을 계속해서 반복하다 보면 대화에서 보다 자연스럽게 사용할 수 있습니다. 그리고 자신이 말한 것을 들어 보는 것도 꼭 필요합니다. 자기 말을 녹음하고 다시 들으며 발음, 문법, 어휘를 스스로 점검해 볼 수 있습니다.

쓰기 평가는 아이들이 영어 알파벳 대소문자를 구별하는지, 문장 속에서 익힌 낱말이나 어구를 쓸 수 있는지를 알아보기 위한 평가입니다. 영어를 처음 시작하는 3학년 교과서에서 알파벳과 각 단원의 주요 낱말을 제시하고 있기 때문에 이 단어들을 반복적으로 쓰는 연습을 하면 그리 어렵진 않을 겁니다. 또한 단어는 연상기법으로 생활 속에서 자주 떠올릴 수 있도록 해 주면 좋습니다. 사진이나 낱말 카드를 활용해 단어를 연결 짓는 연습을 자주 하고, 빈칸 채우기 활동을 통해 문장을 만들어 보는 연습을 한다면 학교 수행평가는 어렵지 않게 해결할 수 있습니다.

5-6학년에서는 간단한 낱말과 어구에서 확장하여 구두로 익힌 문장이나 예시문을 참고하여 간단한 글을 쓸 수 있어야 합니다. 5-6학년이면 한글로 간단한 글을 쓰는 것은 어렵지 않을 테지만 영어로 글쓰기를 한다는 것은 어렵게 느껴질 수 있습니다. 여기서 중요한 것은 '예시문을 참고하여'라는 말입니다.

예를 들어, 직업을 묻고 답하는 문장 패턴을 익혔다면 쓰기 평가는 직업을 묻고 답하는 문장 완성하기를 제시할 겁니다. 예시문을 제시하는 경우가 많고, 초등 영어 쓰기 영역은 어렵지 않은 수준에서 제시되니 걱정하지 않아도 됩니다. 영어로 작문을 하거나 에세이를 써 보는 정도의 수준은 요구하지 않습니다.

'What does ~ do?'와 같이 묻는 표현과 직업을 말하는 낱말을 충분히 익힐 시간을 준 후에 해당 문장의 빈칸 채우기, 제시된 낱말을 넣어 문장 만들기 등을 평가합니다. 이러한 내용은 모두 교과서에서 주요 표현 익히기로 다루고 있습니다. 이 표현들을 막힘없이 말할 수 있도록 입으로 익히고 쓰는 연습을 한다면 쓰기 영역의 수행평가는 어렵지 않게 해결할 수 있습니다.

교과서로 통하는 영어 공부법

✽

개인차가 있지만 대부분의 아이들이 듣기와 읽기가 좀 더 편하고 말하기와 쓰기를 어려워합니다. 듣기와 읽기가 정보를 읽어 들이는 수동적인 활동이라면, 말하기와 쓰기는 자신의 생각이나 배경지식을 활용하여 정보를 만들어 내는 활동이기 때문입니다. 그래서 오랜 기간 영어를 공부해서 잘 듣고 잘 읽는데도 말하기와 쓰기는 어렵다는 친구들이 많습니다. 영어는 일상생활에서 말이나 글로 표현하는 기회나 상황이 거의 없기 때문입니다. 4가지 기능을 고루 발전시키기 위한 핵심 방법을 살펴볼까요?

① 차고 흘러넘치도록 듣는다

초등학교 수업 시간은 40분으로 영어 수업은 일주일에 3회 정도 됩니다. 따로 학원을 다니지 않는 아이라면 120분 정도 공부를 하게 되는 셈이죠. 턱없이 부족합니다. 영어를 자연스럽게 듣고 이해하는 것은 일단 많은 양에 노출되어야 가능합니다. 교과서에 나오는 chant와 노래는 교과서 출판사 사이트에서 손쉽게 다운로드할 수 있습니다. 태블릿PC, 인공지능 스피커, 스마트폰 등 스마트 기기를 활용하여 아이의 주변에서 끊임없이 영어 음원이 흘러나오게 해 주세요. 무의식적인 노출 속에서 아이는 중요한 표현과 단어들을 듣고 저장하게 될 겁니다.

② 소리와 문자를 연결하며 집중 듣기를 한다

흘려 듣기가 어느 정도 습관으로 자리 잡으면 이제는 교과서에 나오는 문장들을 발췌해서 아이에게 보여 주세요. 음원의 속도에 맞춰 교과서 문장들을 손으로 따라 읽게 하는 집중 듣기를 통해 소리와 문자의 연결이 자연스럽게 이루어집니다. 문장을 손으로 따라가는 활동은 어렵지는 않지만 집중력을 많이 필요로 합니다. 단어나 문법을 몰라도 문장 속에서 익혀 나갈 수 있는 장점이 있기 때문에 꼭 해 보길 추천합니다.

③ 파닉스와 사이트 워드는 교과서로 통한다

영어 공부법 중 파닉스 익히기는 많이 들었을 겁니다. 파닉스는 아이들이 글자와 글자 조합으로 소리를 연결하는 방법을 배우는 읽기와 쓰기를 가르치는 데 기본이 되는 방법입니다. 개별 문자와 문자 조합이 만드는 소리와 이러한 소리를 혼합하여 단어를 형성하는 방법을 아이들에게 가르치는 것이지요. 파닉스를 익힌 아이들은 처음 보는 단어도 음가에 맞게 발음할 수 있다는 장점이 있습니다. 일부 학원에서는 파닉스 과정만 6개월에서 1년을 잡고 있기도 합니다.

그렇다면 교과서로는 파닉스를 학습할 수 없을까요? 충분히 가능합니다. 실제로 교과서에도 기본이 되는 파닉스를 자세히 다루고 있습니다. 알파벳 소리를 익히고 따라 발음할 수 있도록 입모양 동영상을 제시하는 출판사도 많으니 교과서 출판사를 확인하고 그 사이트에서 활용할 수 있습니다. 파닉스는 영어 교육에서 널리 사용되며 읽기와 쓰기의 기본 기술로 간주되지만 파닉스 규칙으로 읽히지 않는 단어도 많습니다. 초등은 교과서에 제시된 정도의 발음 규칙만 학습해도 충분하답니다.

음가를 익힌 후라면 사이트 워드를 학습합니다. 사이트 워드란 한눈에 보면 읽을 수 있는 단어입니다. 사실 영어 단어를 보면 파닉스 법칙에 벗어나는 단어들이 많습니다. 이런 단어들을 익히기 위해서 사이트 워드 카드를 활용하면 좋습니다. 시중에 판매하는 사이트 워드 카드도 많지만 교과서 단어 카드를 활용합니다.

교과서는 초등 아이들의 인지 및 발달 수준을 고려하여 꼭 필요한 권장 어휘와 문장으로 구성되어 있습니다. 따라서 교과서에 반복적으로 나오는 중요 낱말들을 완벽히 익힌다면 초등 단어 학습의 기본은 다진 거라고 볼 수 있습니다. 파닉스와 사이트 워드를 익히고 나면 집중 듣기 시 이해되는 단어들이 점점 늘어나고, 뜻을 정확히 몰랐던 단어도 문장 속에서 유추할 수 있는 힘이 생깁니다. 이런 과정에서 자연스럽게 아이의 영어 자신감은 상승할 거라 확신합니다.

④ 소리 내어 따라 읽는다

흘려 듣기와 집중 듣기를 통해 익혔던 교과서 문장들을 따라 말해 보는 활동을 합니다. 자주 들었던 음원을 소리 내어 말하면 여러 가지 장점이 있습니다. 자연스럽게 원어민의 발음을 흉내 낼 수 있는 거죠. 게다가 듣고 바로 따라 말해야 하므로 순간적인 집중력을 발휘하게 됩니다.

들으며 말하는 활동은 뇌의 2가지 감각을 활용하는 방법으로, 이렇게 2가지 감각을 사용할 경우 기억력을 높일 수 있습니다. 이와 같은 말하기 활동을 '쉐도잉(shadowing)'이라고 합니다. 따로 연습할 스크립트를 찾지 않아도 우리에겐 교과서라는 만능키가 있습니다. 영어 문제집을 사서 거의 풀지 못하고 아이와 씨름하는 것보다 영어 교과서에 집중하는 시간을 가져 보세요. 흘려 듣기와 집중 듣기 했던 내용을 따라 읽기까지 하면 완전 학습이 결코 남의 이야기가 아닐 겁니다.

⑤ 영어 일기를 쓴다

앞서 흘려 듣기와 집중 듣기는 듣기 영역 학습법, 파닉스와 사이트 워드는 읽기와 쓰기 기본 학습법, 따라 읽기는 말하기 주요 학습법으로 구분할 수 있습니다. 이렇게 4가지 영역의 기본기를 다지는 활동을 했다면 이제는 좀 더 고차원적인 활동으로 영어 능력을 향상시키는 방법을 이야기해 볼게요.

익히 알고 있는 영어 일기 쓰기입니다. 일기 쓰기는 한글로도 어려워하는 아이들이 많습니다. 압니다. 하지만 어려워도 많은 도움이 되기 때문에 계속해서 강조하는 방법입니다. 일기를 쓰면 자신의 생각을 조리 있게 표현하며 문장력이 향상되는 것처럼 영어 일기도 그렇답니다.

하지만 일기 쓰기가 좋다는 것을 알아도 막상 실천하려면 어렵습니다. 한글 일기 쓰기도 싫어하는데 영어 일기까지 해 보라니 참으로 난감합니다. 그래서 추천하는 것이 바로 주제 글쓰기입니다. 막연히 일기를 쓰라고 하면 미국 초등학생도 어려울 겁니다. 하지만 우리가 익혔던 교과서 핵심 단어를 떠올리며 복습 겸 일기 쓰기를 한다면 좀 더 쉽게 접근할 수 있습니다. 예를 들어, 이번 주 학습 내용이 좋아하는 음식을 묻고 답하는 것이었다면 음식이라는 주제로 일기를 써 보는 겁니다. 교과서에서 배운 표현과 단어도 연습할 수 있는 좋은 활동이 될 거라 자신합니다.

4

초중등
공부 능력
키우는

수능까지
준비하는
중등 교과서
공부법

중등 국어의
핵심 영역 및 특징

중등 교육과정부터는 과목도 늘어나고, 과목마다 선생님이 달라서 과목별로 얼마나 잘 이해하고 집중하느냐에 따라 성적도 달라집니다. 초등 때부터 영역별로 제대로 공부했다면 중등 공부가 훨씬 수월할 테지만, 지금부터라도 학습 전략을 잘 세우면 충분히 좋은 결과를 만들 수 있습니다.

중등 국어도 초등 국어 교육과정처럼 듣기, 말하기, 읽기, 쓰기, 문학, 문법으로 이루어져 있습니다. 초등 국어 교육과정이 2개년씩 묶여 있는 것과 다르게 중등은 중등 1-3학년, 고등 1학년으로 나누어집니다. 고등 2-3학년의 내용은 어땠냐고요? 고등 1학년까지 공통 과목을 통해 기초 소양을 함양하고 적성과 진로에 따라 맞춤형으로 공부할 수 있게 선택 과목(일반 선택, 진로 선택)을 공부하도록 구성되어 있습니다. 그중 진로 선택 과목은 3가지 이상

이수해야 합니다. 이렇게 적성과 진로에 따라 맞춤형으로 공부해야 하기에 공통 교육과정에서는 다루지 않는답니다. 일반 선택 과목인『화법과 작문』,『독서』,『언어와 매체』,『문학』과 진로 선택 과목인『실용 국어』,『심화 국어』,『고전 읽기』가 국어 선택 과목입니다.

중등 국어 교과서는 학기별 한 권에 4개의 단원으로 구성되어 있습니다. 중등 3년 동안 6권을 배우는 거죠. 초등의『국어 활동』같은 교과서는 없습니다. 국어 교과서만으로 이루어져 있습니다. 교과서의 내용만 충실히 공부한다면 국어 공부가 충분하다는 뜻이겠지요.

그럼 학년군별 내용 요소를 살펴볼까요? 내용 요소를 미리 알고 있으면 무엇을 공부해야 하는지 방향 잡기가 한결 수월합니다. 크게 내용 요소와 관련된 성취 기준으로 구성되어 있는데, 이 성취 기준은 국어 교과서 학습목표에 잘 반영되어 있습니다. 성취 기준은 그 단원에서 반드시 성취해야 할 학습 기준입니다.

듣기·말하기

*

핵심 개념	일반화된 지식	학년(군)별 내용 요소	기능
듣기·말하기의 본질	듣기·말하기는 화자와 청자가 구어로 상호 교섭하며 의미를 공유하는 과정이다.	• 중학교 1-3학년: 의미 공유 과정 • 고등학교 1학년: 사회·문화성	• 맥락 이해·활용하기 • 청자 분석하기 • 내용 생성하기 • 내용 조직하기 • 자료·매체 활용하기 • 표현·전달하기 • 내용 확인하기 • 추론하기 • 평가·감상하기 • 경청·공감하기 • 상호 교섭하기 • 점검·조정하기
목적에 따른 담화의 유형 듣기·말하기와 매체	의사소통의 목적, 상황, 매체 등에 따라 다양한 담화 유형이 있으며, 유형에 따라 듣기와 말하기의 방법이 다르다.	• 중학교 1-3학년: 대화, 면담, 토의, 토론, 발표 • 중학교 1-3학년: 매체 자료의 효과 • 고등학교 1학년: 대화, 토론, 협상	
듣기·말하기의 구성 요소 듣기·말하기의 과정 듣기·말하기의 전략	화자와 청자는 의사소통의 목적과 상황, 매체에 따라 적절한 전략과 방법을 사용하여 듣기·말하기 과정에서의 문제를 해결하며 소통한다.	• 중학교 1-3학년: 청중 고려 • 중학교 1-3학년: 말하기 불안에의 대처 • 중학교 1-3학년: 설득 전략 분석 • 중학교 1-3학년: 비판하며 듣기 • 고등학교 1학년: 의사소통 과정의 점검과 조정	
듣기·말하기의 태도	듣기·말하기의 가치를 인식하고 공감·협력하며 소통할 때 듣기·말하기를 효과적으로 수행할 수 있다.	• 중학교 1-3학년: 배려하며 말하기 • 고등학교 1학년: 담화 관습의 성찰	

　일상생활과 가장 밀접한 영역이 듣기·말하기입니다. 듣기·말하기 영역의 핵심 개념 중 목적에 따른 담화의 유형은 초등 6년간 배웁니다. 중등에서는 초등 때 배운 내용이 심화됩니다. 초등

때 다양한 의사소통 유형을 알고 듣기와 말하기의 방식이 다르다는 걸 알았다면 중등에서는 이를 실제 의사소통 상황에 적용하며 다룹니다. 실제 의사소통 상황인 대화, 면담, 토의, 토론, 발표 등의 상황을 만들어 수업 시간에 아이들이 말하고 듣게 하는 거죠.

이때 말하는 사람은 청중을 고려하며 듣는 사람을 배려해서 말하고, 듣는 사람은 말하는 사람을 비판하며 들어야 합니다. 특히 말하는 것을 두려워하는 사람들이 많아지면서 말하기 불안에 대처하는 방법에 대해서도 다루고 있습니다. 실제 말하기 활동은 늘어나는데 많은 아이들이 말하는 것을 두려워하거든요. 이런 아이들에게 자신감을 느끼게 하기 위한 거지요.

듣기·말하기 영역을 다루는 「1. 핵심이 드러나는 발표(2-1, 미래엔)」의 내용을 보면 이 단원의 학습목표는 '핵심 정보가 잘 드러나도록 내용을 구성하여 발표할 수 있다. 매체 자료의 효과를 판단하여 들을 수 있다.'입니다. 이 단원의 성취 기준은 '[9국 01-08] 핵심 정보가 잘 드러나도록 내용을 구성하여 발표한다.', '[9국 01-11]매체 자료의 효과를 판단하며 듣는다.'이고요. 교육과정에 있는 성취 기준이 그대로 반영되어 있죠? 학습목표는 학습하기 위한 목표를 세워야 하므로 '~할 수 있다'라는 형태로 써야 해서 마지막 문장 종결만 바꾸었습니다.

이 단원을 활동하면서 말하기와 듣기를 동시에 살핍니다. 교과서에는 핵심이 드러나는 발표를 할 수 있도록 실제 아이들이 발표하는 과정을 가정해서 구성했습니다. 발표 단계를 세세하게 교과서에 담아서 어떻게 발표해야 하는지 발표의 이론을 배우고 실제로 발표까지 합니다. 국어는 이론으로만 익히는 과목이 아니거든요. 체득한다고 하지요. 이론보다 활동이 필요한 부분이 많은데, 특히 듣기·말하기 영역은 실제로 활동하는 것이 중요합니다.

듣기·말하기 영역을 공부할 때는 다른 사람의 말에 귀 기울이고, 말할 때는 듣는 사람을 배려하면서 말해야 합니다. 이 과정을 성실히 수행해야 다른 사람의 말을 주의 깊게 듣고, 말할 때도 조리 있게 이야기할 수 있답니다.

읽기

*

핵심 개념	일반화된 지식	학년(군)별 내용 요소	기능
읽기의 본질	읽기는 읽기 과정에서의 문제를 해결하며 의미를 구성하고 사회적으로 소통하는 행위이다.	• 중학교 1-3학년: 문제해결 과정 • 고등학교 1학년: 사회적 상호 작용	• 맥락 이해하기 • 몰입하기 • 내용 확인하기

목적에 따른 글의 유형 읽기와 매체	의사소통의 목적, 매체 등에 따라 다양한 글 유형이 있으며, 유형에 따라 읽기의 방법이 다르다.	• 중학교 1-3학년: 정보 전달, 설득, 친교 및 정서 표현 • 중학교 1-3학년: 사회·문화적 화제 • 중학교 1-3학년: 한 편의 글과 매체 • 고등학교 1학년: 인문·예술, 사회·문화, 과학·기술 분야의 다양한 화제 • 고등학교 1학년: 한 편의 글과 매체	• 비판하기 • 성찰·공감하기 • 통합·적용하기 • 독서 경험 공유하기 • 점검·조정하기
읽기의 구성 요소 읽기의 과정 읽기의 방법	독자는 배경지식을 활용하며 읽기 목적과 상황, 글 유형에 따라 적절한 읽기 방법을 활용하여 능동적으로 글을 읽는다.	• 중학교 1-3학년: 내용 예측, 내용 요약 • 중학교 1-3학년: 설명 방법 파악, 논증 방법 파악 • 중학교 1-3학년: 관점과 형식의 비교 • 중학교 1-3학년: 매체의 표현 방법·의도 평가 • 중학교 1-3학년: 참고 자료 활용 • 중학교 1-3학년: 한 편의 글 읽기 • 중학교 1-3학년: 읽기 과정의 점검과 조정 • 고등학교 1학년: 관점과 표현 방법의 평가 • 고등학교 1학년: 비판적·문제해결적 읽기 • 고등학교 1학년: 읽기 과정의 점검과 조정	
읽기의 태도	읽기의 가치를 인식하고 자발적 읽기를 생활화할 때 읽기를 효과적으로 수행할 수 있다.	• 중학교 1-3학년: 읽기 생활화하기 • 고등학교 1학년: 자발적 읽기	

수능에서 비문학 영역이 어렵다는 이야기를 많이 합니다. 비문학 영역은 국어의 읽기 영역과 밀접한 관련이 있습니다. 초등 때

까지 일상생활과 관련한 여러 글을 읽었다면 중등은 좀 더 특수한 목적을 가지고 쓴 글을 읽어야 합니다. 우리가 흔히 이야기하는 설명문, 논설문 등의 글을 읽는 거죠.

'읽는다'는 건 단순히 글자를 읽는 것만을 의미하지 않습니다. 글의 종류에 따라 다양한 읽기 전략을 활용해 효과적으로 읽어야 합니다. 다양한 글에 따른 읽기 전략을 배우고, 실제로 어떻게 적용하는지를 익혀야 합니다. 읽기 영역 역시 단순히 이론을 공부하는 것이 아니라 실제 예를 제시해 읽기의 과정을 익히며 공부할 필요가 있습니다. 이 모든 과정이 이후 비문학 영역의 '독해'에 중요한 자산이 될 거라 확신합니다.

교육과정을 살펴보면 정보 전달, 설득, 친교 및 정서 표현의 글, 논설문, 설명문 등을 읽으면서 글의 특성에 따라 글의 내용을 예측하거나 요약하는 활동도 하고, 설명문이나 논설문에 사용된 설명 방법이나 논증 방법을 찾기도 합니다. 또 쓰기 영역과 연계해 배운 것을 활용해서 설명문이나 논설문을 직접 쓰기도 하고요. 이렇게 다양한 종류의 글을 쓰는 과정을 수행평가로 평가하기도 합니다. 읽는 활동과 쓰는 활동은 밀접한 관계가 있기 때문에 읽기 영역과 쓰기 영역을 함께 보는 것을 추천합니다.

쓰기

*

핵심 개념	일반화된 지식	학년(군)별 내용 요소	기능
쓰기의 본질	쓰기는 쓰기 과정에서의 문제를 해결하며 의미를 구성하고 사회적으로 소통하는 행위이다.	• 중학교 1-3학년: 문제해결 과정 • 고등학교 1학년: 사회적 상호 작용	• 맥락 이해하기 • 독자 분석하기 • 아이디어 생산하기 • 글 구성하기 • 자료·매체 활용하기 • 표현하기 • 고쳐 쓰기 • 독자와 교류하기 • 점검·조정하기
목적에 따른 글의 유형 쓰기와 매체	의사소통의 목적, 매체 등에 따라 다양한 글 유형이 있으며, 유형에 따라 쓰기의 초점과 방법이 다르다.	• 중학교 1-3학년: 보고하는 글, 설명하는 글, 주장하는 글, 감동이나 즐거움을 주는 글 • 중학교 1-3학년: 매체의 특성 • 고등학교 1학년: 설득하는 글, 정서를 표현하는 글	
쓰기의 구성 요소 쓰기의 과정 쓰기의 전략	필자는 다양한 쓰기 맥락에서 쓰기 과정에 따라 적절한 전략을 사용하여 글을 쓴다.	• 중학교 1-3학년: 내용의 통일성, 표현의 다양성 • 중학교 1-3학년: 대상의 특성을 고려한 설명 • 중학교 1-3학년: 고쳐 쓰기 • 고등학교 1학년: 쓰기 맥락 • 고등학교 1학년: 고쳐 쓰기	
쓰기의 태도	쓰기의 가치를 인식하고 쓰기 윤리를 지키며 즐겨 쓸 때 쓰기를 효과적으로 수행할 수 있다.	• 중학교 1-3학년: 쓰기 윤리 • 고등학교 1학년: 책임감 있게 쓰기	

읽기 영역의 내용과 쓰기 영역의 내용을 살펴보면 똑같지는 않아도 비슷하게 겹치는 부분이 많습니다. 읽을 수 있어야 그 내용을 바탕으로 쓸 수 있고, 읽었다면 그 읽은 내용을 쓸 수 있어야

하기 때문이지요.

쓰기 영역은 읽기 영역에서 배우는 내용과 비슷하지만 활동하기 좀 더 어렵습니다. 왜냐하면 읽기는 누군가 쓴 글을 읽고 작가의 의도를 파악해서 내용을 예측하거나 요약하는 등 주어진 텍스트를 분석하는 활동이 중심입니다. 하지만 쓰기는 아무것도 없는 빈 종이에 내가 지식과 정보를 읽기를 통해 습득하거나 주어진 주제에 대한 생각을 정리해서 채워 넣어야 하는 활동이기 때문입니다. 유에서 유를 찾아내는 것보다 무에서 유를 창조하는 것이 훨씬 막막하지요.

그래서 쓰기 영역을 공부하기 위해서 교과서에서는 정보를 전달하거나 설득하는 글을 먼저 제시합니다. 그 글을 읽으며 글의 종류에 따라 어떻게 쓰는지 실제 예를 보며 익히도록 하는 거죠. 글쓰기 활동을 하기 위해서 읽기 영역의 활동이 필요합니다. 다양한 목적을 가진 글을 읽고 분석하면서 어떻게 쓰는지 익힙니다. 이렇게 익힌 내용을 바탕으로 실제로 여러 목적에 따른 글을 직접 쓰게 합니다. 글을 쓰는 활동을 통해 다양한 글 쓰는 방법을 배우는 겁니다.

읽기 영역과 쓰기 영역은 이렇게 서로 밀접한 관련이 있습니다. 실제 제시된 글이나 활동을 보면서 이론을 배우는 게 이해하기가 훨씬 좋거든요.

말하기 영역의 학습활동인 발표를 하려고 해도 대본을 쓰는 활동이 필요하고, 읽기 영역에서도 글을 읽고 분석한 내용을 글로 정리해서 쓰는 활동을 해야 합니다. 학교교육에서 이루어지는 다양한 수행평가 과정에 직접적으로 영향을 미치는 영역이 쓰기 영역이 아닐까 합니다. 어떤 수행평가를 하든지 쓰기의 과정은 반드시 들어가거든요.

　글을 쓸 때는 내용의 통일성(모든 글이 주제와 연관 있어야 함), 표현의 다양성(같은 말을 반복해서 쓰지 않고 다양한 어휘를 활용함) 등을 생각해야 하고, 글을 다 쓰고 나서는 반드시 고쳐 쓰기의 원리에 따라 고쳐 써야 합니다. 우리가 읽는 대부분의 글은 몇 번이나 고쳐 쓴 겁니다. 아무리 훌륭한 작가라 해도 고쳐 쓰기를 하지 않으면 어색한 글이 되기도 한답니다.

　『노인과 바다』를 쓴 헤밍웨이가 "모든 초고는 쓰레기다."라고 했다는 말이 있습니다. 그 말 또한 고쳐 쓰기의 중요성을 강조한 것이지요. 실제 헤밍웨이가 쓴 『노인과 바다』의 경우 200번 이상 고쳐 썼다고 합니다. 중등 국어에서는 매 학년 쓰기를 강조하기 때문에 이 과정을 거치며 글쓰기 훈련을 할 수 있습니다.

문법

✳

핵심 개념	일반화된 지식	학년(군)별 내용 요소	기능
국어의 본질	국어는 사고와 의사소통의 수단이 되는 기호 체계로서, 언어의 보편성을 바탕으로 하여 고유한 국어문화를 형성하며 발전한다.	• 중학교 1-3학년: 언어 기호 • 고등학교 1학년: 역사적 실체	• 문제 발견하기 • 자료 수집하기 • 비교·분석하기 • 분류·범주화하기 • 종합·설명하기 • 적용·검증하기 • 언어생활 성찰하기
국어 구조의 탐구와 활용	국어는 음운, 단어, 문장, 담화로 구성되며 이들에 대한 탐구를 통해 국어 지식을 얻고 이를 언어생활에 활용할 수 있다.	• 중학교 1-3학년: 음운의 체계와 특성 • 중학교 1-3학년: 품사의 종류와 특성 • 중학교 1-3학년: 문장의 짜임 • 중학교 1-3학년: 담화의 개념과 특성 • 고등학교 1학년: 음운의 변동 • 고등학교 1학년: 문법 요소의 특성과 사용	
국어 규범과 국어생활	발음·표기, 어휘, 문장, 담화 등 국어 규범에 대한 이해를 통해 국어 능력을 기르고 바른 국어생활을 할 수 있다.	• 중학교 1-3학년: 단어의 정확한 발음과 표기 • 중학교 1-3학년: 어휘의 체계와 양상의 활용 • 중학교 1-3학년: 한글의 창제 원리 • 고등학교 1학년: 한글 맞춤법의 원리와 내용	
국어에 대한 태도	국어의 가치를 인식하고 국어를 바르게 사용할 때 국어 능력이 효과적으로 신장된다.	• 중학교 1-3학년: 통일 시대의 국어에 대한 관심 • 고등학교 1학년: 국어 사랑과 국어 발전 의식	

문법 영역은 다른 영역과 특성이 다릅니다. 다른 영역은 수업 중에 실제로 활동하면서 체득한다면 문법 영역은 학습이 우선되어야 합니다. 문법 영역을 공부하기 위해 익혀야 할 것들이 있거든요. 국어 교과서에 나오는 문법의 순서는 다음 표와 같습니다. 이것이 중등 국어 문법의 핵심입니다.

중등 국어 문법 순서

1학년	언어의 본질, 품사의 종류와 특성
2학년	어휘의 체계와 양상, 담화의 개념과 특성, 정확한 발음의 표기, 한글 창제 원리
3학년	음운의 체계와 특성, 통일시대 국어, 문장의 짜임

이 문법 원리를 파악하고 검증해서 공부해야 합니다. 국어의 여러 영역 중에서 상대적으로 수학처럼 명료하게 딱 떨어지고 복잡하지 않은 영역이 문법입니다. 공부를 시작하기는 어렵지만 한번 공부해 놓으면 배신하지 않는 든든한 친구 같다고 할까요.

더하기와 빼기를 먼저 배우고 곱하기와 나누기를 나중에 배웁니다. 곱하기와 나누기를 배울 때 더하기와 빼기의 개념을 다시 배우지 않지요. 이미 더하기와 빼기의 개념을 알고 있다는 전제하에 배웁니다. 문법 영역도 마찬가지입니다. 우리 교육과정은 나선형 교육과정이기에 고등학교에서 반복해서 다시 공부합니다. 다른 영역은 체득이 필요하기에 비슷한 과정을 반복하지만 문법은 그렇지 않습니다. 중학교 때 배웠던 각종 개념을 알고 있다는 전제하에 다음 단계의 내용을 공부합니다.

문법 영역의 경우 중학교 때 공부를 탄탄히 해 두어야 고등 문법에서 흔들리지 않을 수 있는 거죠. 그래서 다른 영역에 비해 특히 분량이 많지는 않지만, 반드시 제 학년에서 차근차근 살펴서 탄탄하게 익히고 숙지해 두어야 합니다.

문학

*

핵심 개념	일반화된 지식	학년(군)별 내용 요소	기능
문학의 본질	문학은 인간의 삶을 언어로 형상화한 작품을 통해 즐거움과 깨달음을 얻고 타자와 소통하는 행위이다.	• 중학교 1-3학년: 심미적 체험의 소통 • 고등학교 1학년: 유기적 구조	• 몰입하기 • 이해·해석하기 • 감상·비평하기 • 성찰·향유하기 • 모방·창작하기 • 공유·소통하기 • 점검·조정하기
문학의 갈래와 역사 • 서정 • 서사 • 극 • 교술 문학과 매체	문학은 서정, 서사, 극, 교술의 기본 갈래를 중심으로 하여 언어, 문자, 매체의 변화와 함께 시대에 따라 변화해 왔다.	• 중학교 1-3학년: 노래, 시, 이야기, 소설, 극, 교술 • 고등학교 1학년: 서정, 서사, 극, 교술 • 고등학교 1학년: 문학 갈래의 역사	

| 문학의 수용과 생산
• 작품의 내용·형식·표현
• 작품의 맥락
• 작가와 독자 | 문학은 다양한 맥락을 바탕으로 하여 작가와 독자가 창의적으로 작품을 생산하고 수용하는 활동이다. | • 중학교 1-3학년: 비유, 상징의 효과, 갈등의 진행과 해결 과정
• 중학교 1-3학년: 보는 이, 말하는 이의 관점
• 중학교 1-3학년: 작품의 사회·문화적 배경
• 중학교 1-3학년: 작품의 현재적 의미
• 중학교 1-3학년: 작품 해석의 다양성
• 중학교 1-3학년: 재구성된 작품의 변화 양상
• 중학교 1-3학년: 개성적 발상과 표현
• 고등학교 1학년: 갈래 특성에 따른 형상화 방법
• 고등학교 1학년: 다양한 사회·문화적 가치
• 고등학교 1학년: 시대별 대표작 |
| 문학에 대한 태도
• 자아 성찰
• 타자의 이해와 소통
• 문학의 생활화 | 문학의 가치를 인식하고 인간과 세계를 성찰하며 문학을 생활화할 때 문학 능력이 효과적으로 신장된다. | • 중학교 1-3학년: 문학을 통한 성찰
• 고등학교 1학년: 문학의 주체적 수용과 생활화 |

수능에서 비문학 영역과 쌍벽을 이루는 것이 바로 문학 영역입니다. 아이들에게 늘 다른 영역은 범위라도 정해져 있지만 문학 영역은 범위가 정해져 있지 않다, 지금도 누군가가 시나 소설, 수필을 쓰고 있다고 이야기합니다. 그만큼 광범위한 영역이 문학 영역이지요.

문학 영역은 인간의 삶을 언어로 형상화한 작품을 감상하는 것입니다. 서정(시), 서사(소설), 극(희곡), 교술(수필)의 네 갈래가 있습니다. 문학 영역을 공부하려면 문학 갈래가 갖고 있는 문학 용어를 알아야 합니다. 서정 갈래를 공부하면서 비유와 상징의 효과 등을 공부하고, 서사 갈래를 공부하면서 갈등의 진행과 해결 과정, 보는 이와 말하는 이의 관점 등을 공부하는 거죠. 그래야 그 작품에서 말하려는 것이 무엇인지 이해하기 쉽습니다.

그뿐 아니라 소설을 시나리오로 바꾸거나 시를 소설로 바꾸는 등의 활동을 통해 각 갈래의 특징을 충분히 살피고 공부할 수도 있습니다. 문학 작품은 갈래마다 굉장히 다른 특징을 가지기 때문입니다.

문학 영역의 경우 다른 영역과 다르게 필수적으로 학습해야 할 내용 요소만 공부하는 건 아닙니다. 작품 자체에 관해서도 공부하는 것이 좋습니다. 그 작품을 쓴 작가에 대해 살펴보거나 그 작품이 쓰인 시대적인 배경에 대해서도 알아보는 거죠. 또 작품 자체에 대한 이해가 필요한 때도 있습니다. 그래서 문학 영역의 경우 대부분의 교사가 국어 교육과정이 반영된 학습목표만 가르치지 않습니다. 교과서에 제시된 작품 자체에 관한 공부도 함께 하는 경우가 훨씬 많습니다.

예를 들어, 김소월의 「진달래꽃」이 나왔다면 분명 그 단원에서 학습해야 할 학습목표가 있을 겁니다. 하지만 문학 영역의 경우 그 학습목표를 달성하는 것에서 끝나지 않습니다. 김소월에 대해서도 공부해야 하고, 김소월의 작품 세계에 대해서도 공부하는 것이 작품을 이해하기 좋기 때문이죠. 또 김소월이 살았던 시대에 대해 알고 있다면 작품을 이해하기 한결 쉽겠지요. 그 뒤 이 시에서 사용된 다양한 표현법 등을 함께 공부하면 시에 대해서 완벽하게 이해하고, 관련된 학습목표도 수행할 수 있을 겁니다. 이렇게 문학 영역의 경우 다른 영역과 공부 방법이 조금 다르다는 걸 잊지 마세요.

고등 국어 실력으로 이어지는
중등 국어 학습 전략

중등이 되면 가장 어려워하는 과목이 국어라고 합니다. 고등학생들 사이에서는 국어를 잘하려면 다시 태어나야 한다는 농담 아닌 농담도 유행하지요. 국어 공부를 잘하기 위한 5가지 핵심 전략을 소개합니다.

전략적으로 책 읽기

＊

에이, 너무 당연하다고요? 지금까지 수도 없이 들어온 말이라고요? 초등 핵심 공부법에서도 다루었던 말이죠. 왜 그런지 생각해 봤나요? 독서는 초등뿐 아니라 중등까지 중요합니다. 국어 수업을 하다 보면 본문의 지문을 읽고도 이해하지 못하는 아이들이 많습니다. 다 읽고 나서 "선생님, 이게 무슨 말이에요?" 하고 질문하는 아이들도 꽤 있습니다. 생각보다 많은 아이들이 잘 읽지 못합니다. 중고등학생이니 글자는 읽을 수 있지만 글의 주제나 의미는 이해하지 못하는 거죠.

중등에서는 그냥 읽어선 안 됩니다. 전략적 독서가 필요합니다. 문학과 비문학의 균형을 이루며 책을 읽어야 합니다. 문학만 좋아하는 아이도 있고, 비문학만 좋아하는 아이도 있습니다. 초등 때까지는 자신이 좋아하는 책 위주로 읽어 왔다 해도 중등이 되면 그렇게 읽으면 안 됩니다. 문학 읽기도, 비문학 읽기도 모두 필수입니다. 아이가 좋아하지 않는 영역의 비율은 늘리고, 좋아하는 영역의 비율은 줄여야 합니다. 그 비율은 7 대 3 정도면 좋습니다.

문학 영역에는 시, 소설 등이 있습니다. 문학 작품 읽기는 '독서'라고 하는데 뜨거운 마음으로 읽어야 합니다. 등장인물에게 공감하고 비판도 하면서, 마치 내가 그 작품 안에서 움직이는 것처럼요. 청소년 소설 중 재미있는 책을 읽게 하면 됩니다.

문학 작품 읽기도 전략이 필요합니다. 2학년 때는 한국 단편소설, 3학년 때는 고전소설을 중간에 끼워 넣는 것입니다. 한국 단편소설은 '한국 단편소설집'이라는 이름으로 여러 출판사에서 나오니 그중 아이의 흥미를 끄는 것으로 읽히면 됩니다. 고전소설은 꼭 고어로 된 책을 읽지 않아도 괜찮습니다. 아이들이 쉽게 읽을 수 있는 고전소설을 읽는 편이 이해하는 데 훨씬 도움이 되기 때문입니다. 나중에 고전소설의 다양한 종류를 공부할 때 그 내용이 무엇인지 떠오를 정도의 책이면 충분합니다.

비문학은 문학 작품과 다르게 읽어야 합니다. 비문학 작품 읽기는 '독해'라고 하는데, 차가운 마음으로 읽어야 합니다. 근거가 명확한지, 글의 구조는 올바른지, 작가가 말하려는 바가 무엇인지 냉정하게 분석하고 따져야 합니다. 재미를 가지고 읽는 게 아니라 텍스트의 내용을 분석하는 것이 목적이니까요. 개인적인 감상이나 감정이 개입될 여지가 없습니다. 이과형 아이들이 문학 작품 읽기를 어려워하고 비문학 작품을 쉽게 느끼는 게 이런 이유랍니다. 하지만 두 영역을 다 읽어야 수능도 잡을 수 있습니다. 수능에는 문학 영역과 비문학 영역이 다 출제되고, 두 영역 중 어느 하나의 비중이 덜하지 않습니다.

다양한 글쓰기가 필요

*

인풋이 있으면 아웃풋이 있어야겠지요. 인풋에 비해 아웃풋은 뇌에 큰 부담을 줍니다. 뇌가 부담을 받는다는 건 기억에 오래 남는

다는 뜻입니다. 내 머릿속에 있는 것을 꺼내기 위해서는 메타인지를 활용해야 하거든요.

학교에서 공부할 때는 주장하는 글, 설명하는 글, 시 등을 읽는 데서 끝나는 것이 아니라 각 글의 특징을 잘 알고 있는지 실제로 활동을 통해 확인하는 과정이 필요합니다. 직접 다양한 종류의 글을 써 보는 거죠. 교과서 내에 쓰기 활동이 있고, 교사가 따로 활동지를 나눠 주고 수행평가로 글쓰기를 할 수도 있습니다.

중등에서 쓰기를 할 때는 분량이 정해져 있는 경우가 많습니다. 대부분 노트 한 페이지 정도의 분량으로 글을 써야 하는데, 그러기 위해선 초등 때부터 꾸준한 쓰기 활동을 통해 역량이 갖추어져 있어야 합니다.

과목마다 교사마다 다르겠지만 중등은 초등 때처럼 배움 노트를 운영하지 않습니다. 따라서 수업을 잘 듣고 그 내용을 필기해야 하고, 시험 범위에서 공부할 내용을 스스로 정리해야 합니다. 이렇게 이야기하면 '역시 중학교 수행평가를 위해서 독서논술학원에 다녀야 해.'라고 생각하는 학부모가 많은데, 그럴 필요는 없습니다. 수행평가도 수업 중 자연스러운 활동의 한 과정으로 이루어진답니다.

이 수행평가는 「주장하는 글쓰기」 단원을 공부하고 진행한 것입니다. 주장하는 글을 어떻게 쓰는지 그 과정을 공부하고 실제

2022년 3학년 2학기 국어과 수행평가
- 주장하는 글쓰기 -

채점	주장	근거	분량	총점	3학년 ( )반 ( )번
점수					이름 ( )

평가요소	세부기준	배점			100점
주장	주장이 명확하게 드러나는가?	상	30점	30점	
		중	20점		
		하	10점		
근거	주장을 뒷받침하기 위한 근거가 타당한가?	타당한 근거가 3개 이상	40점	40점	
		타당한 근거가 2개 이상	30점		
		타당한 근거가 1개 이상	20점		
		타당한 근거 없음	10점		
분량	분량을 지켜 성실하게 표현하였는가?	1200~1500자	30점	30점	
		1000~1199자	25점		
		800~999자	20점		
		600~799자	15점		
		그 이하	10점		
완성도	완성도 미흡	건당 -5점			

제 목

로 주장하는 글을 쓰는 거죠. 원고지 형식을 제시한 건 몇몇 아이들이 글씨를 너무 크게 써서 분량만 채우는 경우가 있었기 때문입니다. 성실하게 쓴 아이들이 오히려 손해 보는 일이 발생했거든요.

　이 단원의 학습목표는 '주장하는 내용에 맞게 타당한 근거를 들어 글을 쓸 수 있다.'입니다. 성취 기준은 '[9국 03-04]주장하는 내용에 맞게 타당한 근거를 들어 글을 쓴다.'이고요. 이 평가지를 받은 아이들이 띄어쓰기도 감점되냐고 묻더군요. 채점 기준에서 제시한 것처럼 띄어쓰기를 공부하는 단원이 아니었기 때문에 띄어쓰기는 평가 요소에 반영하지 않았습니다. 그러니 띄어쓰기 때문에 감점될 일은 없죠.

글을 쓰기 위해서 자료를 찾고, 모으고, 정리하는 것까지 모두 수업 시간에 직접 활동해야 합니다. 평가 전 개요표를 작성하는 단계까지 마무리했습니다. 수행평가 날에는 개요표를 바탕으로 시간 내에 제시된 분량에 맞게 글을 쓰도록 안내했고요. 그런데 수행평가 시간을 충분히 제공했음에도 많은 아이들이 시간 내에 글을 다 쓰지 못했습니다. 자신이 찾은 자료와 개요표가 있으니 그 틀에 맞춰 연결해 가며 쓰기만 하면 되는데 말입니다. 글쓰기를 꾸준히 하지 않았기에 갑자기 글을 쓰려고 하니 쉽지 않았던 거지요.

초등 때부터 꾸준한 글쓰기가 필요한 것은 바로 이런 이유입니다. 그렇다고 독서논술학원에 다닐 필요는 없습니다. 초등 때부터 글쓰기 활동을 꾸준히 했다면 중등에서 필요한 글쓰기 역량을 충분히 갖추고 있을 테니까요.

암기는 필수

*

학습을 위해 암기는 필수입니다. 암기하지 않으면 공부할 수 없습니다. 설명하는 글을 쓴다고 했을 때도 설명하는 글의 구조, 설명 방식 등을 외워야 합니다. 그뿐인가요. 문학 작품을 공부할 때도 작품과 관련해서 암기해야 할 것이 많습니다.

　공부는 '이해'하며 하는 것이지만 그 이해를 잘하기 위해선 '암기'가 선행되어야 한답니다. 특히, 문법 단원을 공부할 때는 암기가 필수입니다. 문법 수업을 할 때마다 아이들은 외울 것이 많다고 무척 괴로워합니다. 그렇지만 규칙을 외우지 않고 수많은 경우의 상황을 다 찾아서 이해하는 건 사실상 불가능합니다. 그래서 문법을 암기하고 실제 문장에서 그 내용을 적용·이해하는 순서로 공부해야 합니다. 신기하게 아이들은 문법을 암기할 때는 힘들어 해도 실제 예시에 암기한 걸 적용하는 건 덜 힘들어합니다. 지난 십여 년간 말하고 듣고 읽었던 것들이 자신도 모르게 내면에 누적되어 국어 공부할 때 알게 모르게 문법을 잘 이해할 수 있도록 도움을 줍니다.

　국어의 다른 영역도 마찬가지입니다. 다른 과목에 비해 암기가 어렵지 않습니다. 다른 과목처럼 처음 듣는 용어가 거의 없거든요. 다 우리가 사용하는 용어이거나 어디선가 들어 본 말입니다.

그래서 국어 공부를 할 때 굳이 암기가 필요하지 않다고 생각하는 경우도 많이 봅니다. 하지만 전혀 그렇지 않습니다. 고등 교육 과정에서 국어를 어려워하는 아이들을 보면 제때 암기하고 공부했다면 공부해야 할 양이 그렇게 많았을까요? 저는 그렇지 않다고 생각합니다. 아무리 모국어라 할지라도 국어 능력을 연마해야 잘 다룰 수 있습니다. 초중등 때 국어 공부를 하면서 전혀 암기하지 않다가 고등이 되어서 암기하려면 엄청난 분량에 지쳐 버립니다. 성적을 잘 받고 싶다면 암기는 필수입니다.

교과서 공부하기

＊

중등의 내신 산출 방법은 지필평가와 수행평가를 시행한 뒤 그것을 비율에 맞춰 합산합니다. 그럼 지필평가와 수행평가의 출제 기준은 무엇일까요? 바로 교과서입니다.

앞서 쓰기 영역의 '주장하는 글쓰기' 수행평가 기억나나요? 이 수행평가는 「4. 세상을 향한 목소리 (2)주장하는 글쓰기」(국어 3-2, 미래엔)에서 왔습니다. 앞 단원은 「(1)비교하며 읽기」로 '도시의 밝은 밤'에 대해 부정적 관점과 긍정적 관점으로 다룬 글이 한 편씩 제시되어 있습니다. 아이들은 주장하는 글을 읽으며 그 글에 대해 분석했죠. 또 같은 제재이지만 다른 관점으로 글을 쓴 두 작품을 통해 글쓴이의 관점에 따라 같은 제재를 사용하더라도 글의 내용이 달라질 수 있다는 것도 확인했습니다. (1)단원에서 학습한 내용을 바탕으로 (2)단원에서 주장하는 글을 쓰는 겁니다. (2)단원에서 주장하는 글의 구조 알기, 뒷받침하는 근거 찾기 등 주장하는 글을 쓰는 방법을 공부했지요. 그리고 수행평가로 주장하는 글을 쓰도록 했습니다. 평가이기에 교과서에서 배울 때보다 자세하게 평가 기준을 제시하고요.

지필평가는 또 어떻고요. 지필평가에서 교과서 외의 영역을 시험 범위에 포함할 때도 있지만 대부분은 교과서를 중심으로 출제해야 합니다. 수업 시간에 배운 내용을 얼마나 잘 이해하고 공부했느냐를 묻는 것이 지필평가니까요. 평가의 중심에는 항상 교과서가 있습니다.

문제집 공부하기

*

문제집은 내신 대비 문제집과 비문학·문학·어휘·문법 등의 영역별 문제집이 있는데, 중등 국어의 경우 내신 대비 문제집을 군이 권하지는 않습니다. 수업 시간 필기한 것만 꼼꼼히 봐도 충분합니다. 출제해야 할 문제 수가 정해져 있는데 내신 대비 문제집에서 다루는 만큼 좁고 세세하게 문제를 낼 수는 없습니다.

　그래도 국어 시험 공부를 하는 것이 막막하다면 국어 공부를 하기 위한 방향은 잡아 줄 수 있습니다. 만일 내신 대비 문제집을 산다면 반드시 교과서와 같은 출판사의 문제집을 사야 합니다. 중등 국어 교과서는 다양한 출판사에서 나오는데, 출판사마다 다른 작품을 수록하고 있습니다. 국어 공부를 하려면 학습목표도 중요하지만, 제재에 따라 그 적용 내용이 완전히 달라집니다. 그래서 출판사가 다르면 교과서 속의 작품이 달라져서 공부할 수 없습니다.

　강조하고 싶은 것은 국어 영역별 문제집입니다. 이 문제집만 꾸준히 푼다면 국어 학원에 꼭 다니지 않아도 됩니다. 국어 영역별 문제집은 문학 독해, 비문학 독해, 어휘력, 문법 등이 있는데 그중 비문학 독해 문제집을 추천합니다.

　문학은 첫째로 이야기했던 독서를 꾸준히 하면 어느 정도 대비할 수 있습니다. 작품을 미리 읽어 뒀다면 문학 문제집은 고등이 되어서 풀어도 늦지 않습니다. 비문학의 경우 자신이 관심 있는 분야가 아니면 아예 손도 안 대는 경우가 많습니다. 비문학 영역은 인문, 사회, 과학, 기술, 예술, 언어로 구성되어 있는데 비문학 문제집을 풀면서 여러 영역의 지문을 읽으며 배경지식을 키우는 거죠.

비문학 문제집을 풀 때는 답지 활용을 잘해야 합니다. 답지를 보면 지문에 대한 설명뿐 아니라 각 문제의 선지에 대한 설명이 상세하게 되어 있습니다. 각 문제의 선지를 잘 읽고 정답은 왜 그것이 정답인지, 오답은 왜 그것이 오답인지 이해하고 분석해야 합니다. 비문학 문제집을 공부하는 목표는 그 지문을 공부하는 게 아닙니다. 지문을 읽는 방법, 답을 찾는 방법을 익히는 거죠. 그동안 국어 교과서에서 배웠던 읽기 전략을 문제집을 통해 날카롭게 다듬는 겁니다.

지문을 모두 완벽하게 공부하지 않아도 좋습니다. 답지를 보고 이해하는 정도면 충분합니다. 그것보다 매일 지문 하나씩 꾸준히 공부하는 게 중요합니다. 한 번에 많이 하고 푹 쉬는 건 학습 효과가 없습니다. 조금씩 꾸준히 해야 합니다. 그것이 누적되면 문제를 풀 때 자신도 모르게 답지의 설명처럼 지문을 읽고 분석하면서 풀 거라 확신합니다.

비문학 문제집을 어느 정도 공부했다 싶으면 문학 문제집을 추가합니다. 비문학 문제집과 문학 문제집을 매일 하나씩 푸는 것이 제일 좋지만, 시간이 부족하다면 비문학 문제집과 문학 문제집을 번갈아 가며 푸는 것도 좋습니다. 월수금은 비문학 문제집을 풀고, 화목토는 문학 문제집을 푸는 거죠. 일요일은 비문학과 문학 문제집을 정리하는 날로 정하고요.

수능 국어는 국어 영역, 그리고 『화법과 작문』이나 『언어와 매체』 중 한 과목을 선택해야 합니다. 선택 과목은 두고 국어 영역만 살펴보더라도 문학 영역과 비문학 영역이 시험 문제에서 대부분을 차지합니다. 중등부터 두 영역을 꾸준히 공부해야 고등에서 문제 유형에 맞춰서 문제 푸는 방법을 더 날카롭게 다듬을 수 있습니다. 미리미리 공부해 두는 습관이 필요하죠.

국어 공부 시간은 하루 30분 이내면 충분합니다. 두세 시간이 필요한 다른 과목에 비해서 공부 시간이 훨씬 적죠? 국어는 이렇게 적은 시간과 양을 꾸준히 투자하면 어렵다는 '불수능'이라 해도 다른 과목보다 훨씬 더 좋은 성적으로 보답할 거라 장담합니다. 공부 시간을 생각했을 때 가성비가 제일 좋은 과목이 바로 국어입니다.

중등 수학의
핵심 영역 및 특징

수학은 위계가 강한 과목이라 교과서가 달라도 매 학년, 매 학기에 배우는 내용이 비슷합니다. 중등에서는 1학기 때 「수와 연산」, 「문자와 식」, 「함수」 영역을 배우고, 2학기 때는 「도형」, 「확률」을 배웁니다. 영역에 따라 성격이 조금씩 달라서 아이가 어떤 부분이 강하고, 어떤 부분이 약한지를 확인하고 그 부분을 보충하는 식으로 학습을 진행하면 도움이 됩니다.

수학 공부에서 '기초'가 중요하다고 하는 이유는 단원의 학습 내용이 연관된 경우가 많기 때문입니다. 「함수」를 공부하기 위해서 자연수의 사칙 연산, 분수와 소수의 사칙 연산, 그래프 그리기 등을 알아야 합니다. 초등 교육과정부터 고등 1학년까지 기본 필수 내용을 제대로 공부해야 수능 수학까지 잘할 수 있습니다.

고등 1학년까지는 「수와 연산」과 「문자와 식」 영역의 비중이 높습니다. 고등 1학년이라고 완전히 새로운 내용을 배우는 건 아닙니다. 고등 1학년 수학은 중등 수학의 심화 느낌이 강합니다. 그래서 중등 과정을 빨리 훑고 고등 수학을 공부하는 것보다 중등 과정을 야무지게 복습하고 넘어가는 것을 추천합니다. 지금 당장은 시간이 오래 걸리는 것처럼 느껴질지도 모르지만, 오히려 그렇게 공부해야 수학 공부를 제대로 할 수 있습니다.

고등 2-3학년은 「함수」 영역이 많은 비중을 차지합니다. 수학 교사들이 모여서 이야기를 하면 빠지지 않는 영역이 함수이고, 많은 아이들이 어려워하는 부분도 함수입니다. 함수 때문에 수학과 멀어졌다고 이야기하죠. 그런데 생각을 바꿔 보면 어떨까요? 그 말을 뒤집어 생각하면 함수를 제대로 공부하면 상위권을 차지할 수 있다는 뜻입니다.

수와 연산

＊

핵심 개념	일반화된 지식
수의 체계	수는 방정식의 해의 존재를 보장하기 위해 정수, 유리수, 실수 등으로 확장된다.
수의 연산	각각의 수 체계에서 사칙 계산이 정의되고 연산의 성질이 일관되게 성립한다.

수학은 수와 모양을 다루는 학문입니다. 「수와 연산」 영역은 수에 초점을 맞춥니다. 초등에서는 자연수와 분수 및 소수 개념, 그리고 그 연산에 관련된 내용을 다루고, 중등에서는 음수의 도입과 무한소수를 이용한 유리수와 무리수 개념 규정하기가 중요한 주제입니다. 수의 범위를 넓혀 나가면서 각각의 수 체계에서 연산이 어떻게 이루어지는지를 배웁니다. 그럼 어떻게 학습할지 학년별로 자세히 살펴봅시다.

학년	내용 요소	학습 요소
1학년	• 소인수분해 • 정수와 유리수	소수, 합성수, 거듭제곱, 지수, 밑, 소인수, 소인수분해, 서로소, 양수, 음수, 양의 정수, 음의 정수, 정수, 수직선, 양의 유리수, 음의 유리수, 유리수, 절댓값, 교환법칙, 결합법칙, 분배법칙, 역수, 양의 부호(+), 음의 부호(-), | |, ≤, ≥
2학년	• 유리수와 순환소수	유한소수, 무한소수, 순환소수, 순환마디, 순환소수 표현(7.12)
3학년	• 제곱근과 실수	제곱근, 근호, 무리수, 실수, 분모의 유리화, $\sqrt{}$

1학년 때는 소인수분해, 정수와 유리수를 배웁니다. 초등 5학년 때 최대공약수와 최소공배수를 배웠던 아이들은 중등에서 소인수분해를 배운 다음에, 소인수분해를 이용해서 최대공약수와 최

소공배수를 구합니다. 초등에서는 간단한 수의 최대공약수와 최소공배수를 구했다면, 중등에서는 큰 수의 최대공약수와 최소공배수를 구합니다.

초등 때 양수만 다루었다면 중등이 되면 음수를 배웁니다. 역사적으로 음수를 받아들이기까지 오랜 시간이 걸렸습니다. 아이들도 음수의 연산을 받아들이기 어려워합니다. 그래서 음수의 연산에서 여러 오개념을 겪을 수도 있습니다.

초등 때 배운 분수와 중등 1학년 때 배운 음수를 통틀어 '유리수'라고 합니다. 이미 알고 있던 것을 어떻게 부를지 약속하는 과정입니다. 중등 2학년 때는 0.1, 2.5와 같은 수를 '유한소수', 0.2525…와 같이 같은 부분이 반복되는 무한소수를 '순환소수', 0.010010001…과 같이 순환하지 않는 '무한소수'로 분류합니다. 분류된 것을 외우려고 하기보다는 직접 분류해 보면서 공부한다면 수의 체계를 쉽게 이해할 수 있습니다. 중등 3학년이 되면 순환하지 않는 무한소수에 '무리수'라는 이름을 붙입니다.

고등 1학년이 되면 '허수'를 배우고, 복소수까지 수 영역을 확장합니다. 공부할 내용이 많아진다고 불평하기보다 자신이 아는 수의 세계가 점점 넓어지고 있다고 생각하고 수학의 즐거움을 맛보면 좋겠습니다. 수의 영역을 넓히며 새로운 수의 영역에 기존에 알던 연산 방법을 똑같이 적용해 보면서 수학이 가진 통일성을 경험하면 수학이 가진 진짜 매력을 알게 될 겁니다.

문자와 식

*

핵심 개념	일반화된 지식
다항식	문자를 통해 수량 관계를 일반화함으로써 산술에서 대수로 이행하며, 수에 대한 사칙 연산과 소인수분해는 다항식으로 확장되어 적용된다.
방정식과 부등식	방정식과 부등식은 양 사이의 관계를 나타내며, 적절한 절차에 따라 이를 만족시키는 해를 구할 수 있다.

중등 수학과 초등 수학의 가장 큰 차이는 문자를 사용한다는 것입니다. 수학은 수학적 의사소통을 위한 언어입니다. 「문자와 식」 영역은 언어를 배우는 단계라고 생각하면 됩니다. 문자는 수학적 의사소통에 필수적인 언어일 뿐만 아니라 추상화의 단계에서 개념을 조작하고 적용할 수 있는 수단입니다. 일반화와 통찰을 쉽게 하는 방법을 제공하는 도구이기도 합니다. 문자의 사용에 빨리 익숙해질수록 중등 수학 공부를 잘할 수 있습니다. 빨리 익히기 위해선 반복과 연습이 필수입니다.

학년	내용 요소	학습 요소
1학년	• 문자의 사용과 식의 계산 • 일차방정식	대입, 다항식, 항, 단항식, 상수항, 계수, 차수, 일차식, 동류항, 등식, 방정식, 미지수, 해, 근, 항등식, 이항, 일차방정식
2학년	• 식의 계산 • 일차부등식과 연립일차부등식	전개, 부등식, 일차부등식, 연립방정식
3학년	• 다항식의 곱셈과 인수분해 • 이차방정식	인수, 인수분해, 완전제곱식, 이차방정식, 중근, 근의 공식

1학년 때는 '문자'와 '식'에 대한 여러 용어가 나옵니다. 이 용어는 고등 1학년 때 다시 다루기 때문에 확실히 공부해 두어야 합니다. 차수, 계수, 상수항, 동류항, 다항식, 단항식 등의 의미를 식을 이용하여 설명할 수 있어야 합니다.

1학년 때 「일차방정식」을 배우고, 2학년 때는 「미지수가 2개인 연립일차방정식」, 3학년 때는 「이차방정식」을 배웁니다. 미지수의 값을 찾는 것이 방정식의 목적입니다. 방정식을 풀라고 하면 처음에는 자신이 알고 있는 수를 대입해서 찾습니다. 하지만 나중에는 불편함을 느끼고 공식이 필요하다고 생각합니다. 그러면 방정식을 바로 구할 수 있는 공식을 궁리하게 됩니다. 방정식의 풀이 방법이 발달해 온 과정도 같습니다.

3학년 때 배우는 인수분해는 고등 1학년이 되면 심화해서 배웁니다. 인수분해를 풀 때도 이것을 '왜' 풀어야 하는지 생각하면서 풀어야 효과적입니다. 「다항식의 인수분해」는 「이차방정식」 단원 앞에 있습니다. 방정식을 풀기 위한 하나의 방법이 인수분해이기 때문입니다.

함수

*

핵심 개념	일반화된 지식
함수와 그래프	변화하는 양 사이의 관계를 나타내는 함수는 대응과 종속의 의미를 포함하며, 그래프는 함수를 시각적으로 표현하는 도구이다.

함수가 수학에서 중요한 이유는 수학의 발전이나 통합에 핵심적인 역할을 해 왔기 때문입니다. 수학은 '대수'와 '기하'라는 2개의 분야로 발전했습니다. 대수는 숫자 대신 문자를 사용하여 수의 관계, 성질, 계산 법칙 따위를 연구하는 것이고, 기하는 도형 및 공간의 성질에 대하여 연구하는 학문입니다. 함수는 이 두 분야를 통합할 수 있게 했습니다. 영역별로 공부하는 세기를 표현한다면, 함수는 '강'으로 해야 합니다.

학년	내용 요소	학습 요소
1학년	• 좌표평면과 그래프	변수, 좌표, 순서쌍, x좌표, y좌표, 원점, 좌표축, x축, y축, 좌표평면, 제1사분면, 제2사분면, 제3사분면, 제4사분면, 그래프, 정비례, 반비례
2학년	• 일차함수와 그래프 • 일차함수와 일차방정식의 관계	함수, 함숫값, 일차함수, 기울기, x절편, y절편, 평행이동, 직선의 방정식
3학년	• 이차함수와 그래프	이차함수, 포물선, 축, 꼭짓점, $f(x)$, $y=f(x)$

1학년 때는 함수와 관련된 용어를 익힙니다. 다른 영역도 그렇지만 처음 등장하는 용어가 많습니다. 용어가 낯설면 수학 자체를 어렵게 느낍니다. 그러니 수학 용어에 익숙해져야 합니다. 수업 시간에 빙고, 초성 게임, 스피드 퀴즈, 가로세로 낱말 퍼즐 등을 활용해서 용어와 친해지게 합니다. 이름을 알게 되면 이름의 의미도 궁금해질 겁니다. 이런 호기심이 자기 주도 학습과 연결됩니다.

1학년은 다양한 모양의 그래프를 살펴며 그 의미에 대한 이야기를 나눕니다. 이때 고등 때 배우는 미분을 몰라도 그와 유사한 개념을 설명하는 경우도 있습니다. 그래프와 관련된 이야기를 많이 나누면 확실히 「함수」 단원에 도움이 됩니다. 다음으로 정비례와 반비례를 다루고, 2학년이 되면 「일차함수」를 배웁니다.

3학년 때 「이차함수」를 배웁니다. 이 영역도 식을 보고 그래프로 나타낼 수 있고, 그래프를 보고 식을 찾을 수 있어야 합니다.

고등 수학에서는 함수가 차지하는 비중이 큽니다. 어떠한 식을 보고 자유자재로 그래프를 그려 낼 수 있어야 하고, 그래프를 식으로 바꾸고 상황을 읽어 내는 능력이 필요합니다. 그렇다고 선행학습을 해야 한다는 뜻은 아닙니다. 그보다는 중등 때 수학을 공부하면서 깊이 있는 분석을 하는 것이 더 중요합니다.

도형

*

핵심 개념	일반화된 지식
평면도형	주변 사물의 형태는 여러 가지 평면도형으로 범주화되고, 각각의 평면도형은 고유한 성질을 갖는다.
입체도형	주변 사물의 형태는 여러 가지 입체도형으로 범주화되고, 각각의 입체도형은 고유한 성질을 갖는다.

도형 영역에서 많이 사용하는 수학적 사고 능력은 추론입니다. 여러 가지 추론 방식 중에서도 연역적 추론은 논리적 사고와 비판적 사고 함양에 크게 이바지합니다. 도형 영역을 공부하면서 이 능력을 배울 수 있습니다. 그런데 많은 아이들이 이 부분을 어

렵게 느낍니다. 공식을 외우고 적용해서 문제를 해결하는 과정에
만 익숙해져 있기 때문입니다.

초등 때는 관찰을 통해 도형의 성질을 파악했다면, 중등 때는
도형의 성질이 성립하는 이유를 정당화해 보는 과정을 경험합니
다. 도형을 보고 어떠한 성질을 추론했다면 모든 도형에서 그 성
질이 항상 성립하는가에 대해 생각해야 합니다. 이를 위해서는
도형의 성질을 두루뭉술하게 받아들이지 않고 하나하나 따져 가
며 확인하는 과정이 필요합니다.

학년	내용 요소	학습 요소
1학년	• 기본 도형 • 작도와 합동 • 평면도형의 성질 • 입체도형의 성질	교점, 교선, 두 점 사이의 거리, 중점, 수직이등분선, 꼬인 위치, 교각, 맞꼭지각, 엇각, 동위각, 평각, 직교, 수선의 발, 작도, 대변, 대각, 삼각형의 합동조건, 내각, 외각, 부채꼴, 중심각, 호, 현, 활꼴, 할선, 다면체, 각뿔대, 정다면체, 원뿔대, 회전체, 회전축, $\overleftrightarrow{AB}$, $\overrightarrow{AB}$, $\overline{AB}$, $/\!/$, $\angle ABC$, $\perp$, $\triangle ABC$, $\equiv$, $\overline{AB}$, π
2학년	• 삼각형과 사각형의 성질 • 도형의 닮음 • 피타고라스 정리	접선, 접점, 접한다, 외심, 외접, 외접원, 내심, 내접, 내접원, 중선, 무게중심, 닮음, 닮음비, 삼각형의 닮음 조건, 피타고라스 정리, $\square ABCD$, ∞
3학년	• 삼각비 • 원의 성질	삼각비, 사인, 코사인, 탄젠트, 원주각, $\sin A$, $\cos A$, $\tan A$

1학년 때 용어와 기호가 많이 나옵니다. 개념을 공부하고 문제를 바로 풀기보다는 용어를 보고 자신이 직접 그림을 그려서 정확한 의미를 설명할 수 있는지 확인한 다음에 문제 풀기를 권합니다. 초등 때는 연산에 치중해서 공부하기 때문에 도형 영역은 가볍게 다루고 넘어가는 경우가 많습니다. 하지만 중등이 되면 「도형」 단원의 비중을 높여서 공부해야 합니다. 중등 과정에서 2학기는 대부분 도형 영역일 정도로 중요도가 높아지기 때문입니다.

1학년은 삼각형을 작도해서 하나로 결정되는 조건에 대해 배웁니다. 결정 조건과 연결해 삼각형의 합동 조건도 배웁니다. 2학년은 삼각형과 사각형의 성질을 정당화하면서 삼각형의 합동 조건이 많이 쓰입니다. 중등 과정에서 다루는 도형의 성질을 정당화하는 데 삼각형의 합동 조건이 많이 쓰이기 때문에 한 번만 제대로 이해해 두면 뒤에 이어지는 내용도 쉽게 받아들일 수 있습니다. 이런 면에서 가성비가 좋은 수학 개념입니다. 합동 조건 이후에 닮음을 배우는데 닮음에서 닮음비가 1 : 1이 되면 합동입니다. 닮음 조건을 공부할 때도 기존에 알고 있는 내용인 합동 조건과 비교하면서 왜 이런 차이점이 있는지 생각하며 공부해야 합니다.

2학년 닮음의 활용으로 배우는 「피타고라스 정리」는 3학년 「삼각비」와 연결됩니다. 이 부분은 아주 중요합니다. 고등 수학에서 삼각비가 삼각함수로 업그레이드되어 다시 만나기 때문입니다.

아이들이 수학을 공부할 때 어려워하면서 포기하려는 단원이 있을 겁니다. 하지만 절대 그래서는 안 됩니다. 그 내용이 고등이 되었을 때 다시 나온다는 걸 기억해야 합니다. 특히 「도형」 단원의 경우 단편적인 내용을 암기하는 것보다 전체적인 흐름을 파악해야 공부가 훨씬 수월해집니다.

수학을 공부할 때는 때론 좁게, 때론 넓게 보는 과정을 반복할 수 있어야 합니다. 내가 무엇을 관찰할 것인지에 따라 망원경이나 현미경을 사용해서 대상을 관찰할 수 있는 것과 같은 맥락입니다.

확률과 통계

*

핵심 개념	일반화된 지식
확률	사건이 일어날 가능성을 수치화한 확률은 정보화 사회의 불확실성을 이해하는 중요한 도구이다.
통계	자료를 수집, 정리, 해석하는 통계는 합리적인 의사 결정을 위한 기초 자료를 제공한다.

확률과 통계 영역은 호불호가 강하게 나뉩니다. 확률과 통계가

다른 영역보다 좋다는 아이가 있는가 하면, 다른 영역은 잘하면서 확률과 통계는 거부감을 표현하는 아이도 꽤 많습니다. 아마 확률과 통계의 성격이 수학의 다른 분야와 다르기 때문일 겁니다. 완전하고 유일한 답이 아니라 상황에 맞게 판단하는 과정을 거친다거나, 자료를 수집하여 분석하면서 다양한 판단과 관점을 인정해 준다는 면에서 차이점이 두드러집니다.

이 영역은 수학적 지식의 유용성을 느끼기에 적합한 내용 요소로 이루어져 있습니다. 생활 속 문제 상황에서 확률과 통계 지식을 이용하여 문제를 해결할 수 있습니다.

백의의 천사 나이팅게일이 통계적 지식을 활용해서 사람들의 생명을 많이 구한 사실은 널리 알려져 있습니다. 1854년 크림전쟁에서 다친 부상병들이 야전병원에 입원해 있는 모습이 보도되었는데, 이 기사를 본 나이팅게일은 야전병원으로 갔습니다. 나이팅게일은 사망자에 대한 기록을 상세히 수집해서 매우 정교한 통계표로 정리했습니다. 통계표를 통해 부상병들이 사망하는 원인 중 큰 부분을 차지하는 것이 부대의 열악한 위생 상태라는 것을 알고 위생에 신경을 썼습니다. 그러자 한때 45%에 이르던 부상자 사망률이 5%로 낮아졌다고 합니다. 이렇게 확률과 통계는 우리의 삶을 더 나은 방향으로 이끌 수 있습니다.

학년	내용 요소	학습 요소
1학년	• 자료의 정리와 해석	변량, 줄기와 잎 그림, 계급, 계급의 크기, 도수, 도수분포표, 히스토그램, 도수분포다각형, 상대도수
2학년	• 확률과 그 기본 성질	사건, 확률
3학년	• 대푯값과 산포도 • 상관관계	중앙값, 최빈값, 대푯값, 산포도, 편차, 분산, 표준편차, 산점도, 상관관계

    이 영역은 핵심적인 내용을 잘 파악하는 것만으로 충분합니다. 보다 심화 내용은 고등 때 『확률과 통계』에서 배우는데 그 전에는 여러 자료를 분석하고 판단해 보는 과정을 직접 경험하는 것이 필요합니다.

수학 역량을 높여 주는
중등 수학 학습 전략

중등 교육과정에서 수학을 공부하면서 생각해야 할 4가지 핵심 사항을 살펴봅시다.

자신에게 맞는 수학 공부법 찾기

*

몇 가지를 섞어도 되고, 단원마다 달라도 좋지만 어떤 방법으로 공부했을 때 가장 효과가 있는지 스스로 찾아야 합니다. 몇 가지 공부법을 소개합니다.

① 백지 공부법

한 단원의 내용이 끝났을 때나 한 학기, 한 학년 수학이 마무리

되었을 때 적용하면 좋습니다. 수학 단원 이름을 적고, 그와 관련되는 개념을 전부 적습니다. 물론 다른 자료를 보지 않은 채 자신이 '알고 있는 내용'만 적는 겁니다. 그다음 교과서와 비교하면서 자신이 놓친 부분은 없는지 확인합니다. 몇 번의 과정만 거쳐도 정리가 되면서 문제들이 잘 풀리는 경험을 할 겁니다. 처음 시작이 힘들게 느껴진다면 각 단원의 목차를 적어 놓고 시작하는 것을 추천합니다.

② 말하기 공부법

간혹 어떤 아이는 "저는 이거 아는데 설명은 못 하겠어요."라고 말합니다. 설명을 못 하는 건 의미를 정확히 모른다는 뜻입니다. 어떤 주제에 대해 말로 설명하려면 정확하게 알아야 하거든요. 모르는 부분을 교과서를 보면서 공부하다 보면 그 과정에서 학습이 일어납니다.

성적이 좋은 아이 중 시험 기간에 자기 공부하기도 힘들 텐데 친구가 물어보면 친절히 알려 주는 아이들이 있습니다. 친구에게 도움을 주는 것도 훌륭하지만 그 과정을 통해 자신이 아는 것에 대해 한 번 더 확인할 수 있는 기회도 된다는 걸 아는 똑똑한 아이들입니다.

③ 오답 노트 공부법

수학은 어떤 과목보다 문제를 많이 풉니다. 문제집을 푸는 이유는 아는 문제를 확인하기 위해서가 아니라 개념이나 풀이 방법을 모르는 문제를 찾기 위해서입니다. 문제를 풀지 못하는 이유는 개념이 부족하거나 잘못 생각해서입니다. 이런 문제를 찾아 고민하는 과정을 거치기 위해서 문제집을 활용해야 합니다.

문제를 풀고 채점을 끝낸 상태에서 맞는 것만 확인하고 넘어가서는 안 됩니다. 모르는 문제를 모아서 다시 한 번 풀어 보고, 다음 날 다시 풀어 보면서 마지막에 남는 문제만 추려서 모아 두면 자신만의 오답 노트를 만들 수 있습니다.

④ 메타인지 공부법

메타인지는 자신의 인지적 활동에 대한 지식과 조절을 의미합니다. 내가 무엇을 알고 모르는지에 대해 아는 것부터 자신이 모르는 부분을 보완하기 위한 계획 세우기와 그 계획의 실행 과정을 평가하는 것까지 이르는 전반적인 절차입니다.

자신 없는 부분은 사람마다 다릅니다. 부족한 부분은 적절한 도움을 받아야겠죠. 그렇다고 수학 학원을 학교처럼 매일 다닌다면 시간이 많이 소요됩니다. 부족한 부분만 인터넷 강의를 듣거나 필요한 학원만 다니는 것이 시간 관리 측면에서 도움이 됩니다.

피해야 할 공부 습관을 알고 경계하기

*

　돈을 모을 때도 해야 할 일이 있지만 하지 말아야 할 일도 있습니다. 아무리 투자를 잘해도 낭비벽이 있다면 부자가 될 수 없습니다. 공부도 마찬가지입니다. 열심히 해도 좋지 않은 습관이 있으면 성적이 오르지 않습니다.

① 수학 공부하는 데 겉멋이 든 유형

　학원을 통해 선행학습을 한 아이 중 간혹 어떤 개념에 대한 수업을 시작하면 아는 체를 합니다. "이번 시간에는 삼각형의 결정 조건에 대해서 살펴보겠습니다." 하면 시작하기도 전에 "SSS, SAS, ASA." 이렇게 말합니다. 결정 조건과 합동 조건의 차이를 모르는 겁니다. 그냥 들은 적이 있고, 아는 체는 하고 싶은 겁니다.

　이런 아이는 문제를 빠르게 푸는 경향이 있습니다. 다른 아이들은 아직 고민하고 있는데 1, 2분도 지나기 전에 "선생님, 다 했어요!"라고 말하고 놀기 일쑤죠. 열심히 풀고 있는 친구를 방해하기도 하고요. 나중에 답을 확인해 보면 틀렸지만 이후에도 틀린 이유를 살펴보지 않고 그저 실수라면서 넘겨 버립니다. 자신이 모르는 부분을 보충할 기회마저 놓쳐 버리는 겁니다.

② 기초 학습이 되어 있지 않은데 선행학습하는 유형

중등 1학년인데 초등 4, 5, 6학년 때 배웠던 내용을 전혀 알지 못하는 경우가 있습니다. 간혹 초등 때는 공부에 대한 압박을 하지 않겠다고 생각하는 학부모가 있는데 수학은 그래선 안 됩니다. 수학은 나선형 학습 구조로 구성되어 있습니다. 초등 때 기본적으로 학습해야 하는 내용은 확실하게 익혀 놓지 않으면 다음 과정의 문제를 해결하기 어렵습니다. 나중에 아무리 공부할 마음이 생겨도 격차가 벌어지면 따라잡기가 힘듭니다.

열심히 하는데도 수학 점수가 오르지 않는다고 하소연하는 아이 중에는 부족한 내용을 보충하지 않고 무조건 선행학습만 하는 경우가 많습니다. 만약 초등 과정이 부족하다고 생각된다면 EBS 강의나 초등 교과서로 다시 공부하는 방법을 권합니다.

③ 평소에는 잘하는데 시험 점수가 안 나오는 유형

학부모와 상담할 때 "평소에는 잘하는데 시험만 보면 성적이 안 나와요."라고 말하는 경우가 있습니다. 아이를 관찰하면 쉬운 문제(자신이 풀 수 있는 문제)만 푸는 경우가 많습니다. 틀리기 싫어하는 성향 때문일 수도 있고, 깊게 생각하지 않아서일 수도 있습니다. 수학은 틀린 문제의 풀이 과정을 확인하고 스스로 사고할 때 실력이 향상됩니다. 생각하기는 음식물 소화처럼 다른 사람이 대신 해 줄 수 없는 일입니다. 따라서 스스로 수학 공부하는 방법을 찾으려고 노력해야 합니다.

수학의 연결고리를 만들려고 노력하기

*

수학은 나선형 학습 구조로 구성되어 있다고 이미 말했지요? 초중고 수학은 연결되어 있습니다. 같은 개념을 계속해서 배우며 조금씩 확장해 나갑니다. 따라서 수학을 재밌게 공부하려면 그 연결고리를 찾아야 합니다. 물론 쉽지 않은 과정입니다. 이 방법을 적용하려면 수업 시간에 사용하는 수학 노트 외에 자신만의 수학 개념 노트 만들기를 추천합니다. 일반 노트가 아니라 바인더를 사용하면 효과적입니다. 방법은 다음과 같습니다.

1. 바인더와 그 안의 속지(A4 용지)를 준비합니다.
2. 학교에서 지금 배우는 수학 개념과 연결되는 초등 때 배운 수학 개념을 찾아서 정리합니다.
3. 관련된 문제를 풀고 해결하지 못한 문제를 적습니다.

처음 시작은 가볍게 합니다. 시간이 지나면 점차 자신만의 연결고리가 생깁니다. 중학교를 졸업할 즈음이면 상당히 많은 양이 누적될 겁니다. 이 내용은 고등학교에 가서도 이어집니다. 고등 교육과정에서 배우는 개념과 연관되는 내용을 중학교 바인더에서 찾아서 보충해 가는 방식으로 학습합니다. 자연스럽게 예전에 배운 내용을 복습하고, 지금 배우는 내용과 연결고리가 만들어집니다.

이 바인더가 있으면 오답 노트를 따로 만들지 않아도 됩니다. 어려운 문제가 있어서 다음에 다시 풀어 보고 싶다면, 그 문제만 오려서 바인더에 계속 추가해 나가면 됩니다. 내신 시험이나 수능 시험 때 이 바인더가 빛을 발할 겁니다.

시험에 대한 마인드 잡기

＊

시험은 자신의 실력을 확인하고 부족한 부분을 채우는 과정으로 받아들여야 합니다. 중등 2학년부터 본격적으로 시작되는 지필평가는 매 학기 2회씩 고등학교를 졸업할 때까지 이어집니다. 그러니 수학 공부가 매 순간 오로지 시험을 위한 공부에 그친다면 시험 때마다 스트레스를 받고 고통스러울 겁니다. 시험을 치르는 것은 평가받기 위해서가 아니라 수학 공부에 대한 피드백을 받기 위한 과정임을 꼭 인식할 수 있도록 도와주어야 합니다.

또한 성적이 나왔을 때 부모의 반응도 아이에게 많은 영향을 미칩니다. 시험 준비를 많이 하였지만 긴장이 많이 되어서 혹은 시험에 대한 적응 기간이 부족해서 점수가 예상보다 낮게 나올 수 있습니다. 이런 경우에 아이가 편안하게 생각할 수 있도록 부모가 반응해 주면 아이도 객관적으로 자신의 수학 성적을 분석해 보고, 부족한 부분을 보충해야겠다고 생각할 것입니다. 그런데 시험 성적이 낮다고 혼이 난다면 이번 시험에서 무엇이 부족했는지를 생각하기보다는 오히려 시험에 대한 부정적인 감정이 먼저 생길 수 있습니다. 아이가 스스로 실력을 쌓아 가는 과정에서 무엇보다 중요한 것은 아이를 믿고 기다려 주는 부모의 마음이라고 생각합니다. 제일 힘든 일이겠지만 지켜봐 주세요.

중등 영어의
핵심 영역 및 특징

우리나라 영어 교육과정은 영어로 의사소통하면서 세계 문화를 이해하는 것은 물론, 우리 문화를 세계에 널리 알리는 인재를 기르는 것을 목적으로 구성되어 있습니다. 이를 위해서는 영어에 대한 흥미와 관심을 갖고 스스로 영어 학습을 지속할 수 있는 역량을 길러야 하죠. 또 의사소통은 일방적인 의사 전달이 아니라 사람과 사람 간에 이루어지는 것이므로 모든 관계와 상황에 대처하는 능력도 중요합니다.

중등 영어 교육과정은 초등 때 익혔던 어휘와 표현을 실제로 활용하고, 동시에 고등 영어 교육과정을 위한 기반을 다지는 시기입니다. 고등에서 배우는 영어는 이후 대학에서 전공 분야를 공부하고, 자신의 생각을 영어로 표현하는 데 필요한 실력을 다지기 위해서지요. 따라서 중등 영어의 기본을 단단하게 다지고 자신에게 맞는 영어 학습법을 찾아나가는 것이 중요합니다.

그래서 더욱 중요한 것이 바로 교과서입니다. 중등 영어 교육과정에서 배워야 할 중요한 내용이 교과서에 있기 때문이죠. 중등 영어 교과서의 종류는 13가지입니다. 본문 내용은 교과서마다 다를 수 있지만 중등에서 배워야 하는 단어나 표현, 문법은 비슷합니다.

영어 교과서는 학년별로 8개의 단원으로 구성되어 있습니다. 3년 동안 24개의 단원을 배우는 거죠. 영어 교과서는 얼핏 보면 두께가 얇고 그림이 많아서 내용이 적을 거라고 생각하는데 전혀 그렇지 않습니다. 말하기, 듣기, 읽기, 쓰기가 골고루 구성되어 있는 알찬 교재입니다. 영어 회화 교재이면서 이야기책이기도 하거든요. 그럼 영어 교과서가 어떻게 구성되어 있는지 살펴보겠습니다.

듣기와 말하기

*

많은 사람들이 학교에서는 영어 회화를 제대로 가르치지 않고, 배울 수도 없다고 생각합니다. 설령 초등 영어 교육과정에서 회화를 재미있게 배웠다고 하더라도 중등 교육과정은 초등과는 전혀 다른 수업이라고 생각합니다. 듣기와 말하기는 뒤로한 채 독해만 하고, 수많은 문법 문제를 풀고, 단어를 외우는 수업만 한다고 생각하는 거죠.

이런 이야기를 들을 때마다 억울할 따름입니다. 중등 영어 교육과정에서도 읽기와 문법 못지않게 회화 부분도 중요하거든요. 수업 시간에 영어로 말하고 듣는 수업을 하고 그 내용을 평가도 합니다. 중등 영어 교육과정은 초등에서 배운 영어를 토대로 학습자가 기본적인 일상 영어를 사용할 수 있는 활동을 합니다. 전혀 별개의 공부를 하는 게 아니에요. 초등에서 배웠던 표현을 상황에 맞게, 그리고 정확하게 사용하는 연습을 합니다. 그런데 원어민이 영어로 수업하는 학원에 다녀도 실제로 소리 내어 영어를 말하지 않으면 실력이 늘지 않는 것처럼, 학교에서 배운 교과서 표현을 연습하지 않으면 영어 실력은 절대 올라갈 수 없습니다. 학년이 올라갈수록 영어를 소리 내지 않고 눈으로만 대충 읽고 넘어가는 경우가 많아 안타까울 때가 많습니다.

'패턴 영어'를 들어 봤나요? 패턴 영어는 일정한 형태로 이루어진 구문을 반복하다 보면 비슷한 상황에서 그 구문을 응용하고 활용해서 상황에 맞는 표현을 배울 수 있다는 영어 학습법입니다. 초급 단계에 아주 효과적이지요. 문법 지식이 없어도 일상생활에서 자주 쓰이는 영어 문장 패턴을 외울 수 있기 때문이죠. 특정 상황에서 사용되는 문장 패턴만 알아도 영어 사용이 한결 편해집니다. 패턴 안에서 영어가 들리고, 또 말하기가 되면 영어 실력이 부쩍 향상된 것 같은 자신감도 생기죠. 중등 영어 교과서가 바로 패턴 영어로 구성되어 있습니다.

영어 교과서의 단원마다 2가지 의사소통 기능(표현)과 주요 언어 형식(문법)을 목표로 합니다. 말하기와 듣기의 목표가 의사소통 기능, 읽기와 쓰기의 목표가 언어 형식이라 생각하면 이해하기 쉽습니다. 기능과 형식으로 나뉘어 있지만 결국 한 단원에 4~5가지의 패턴이 있는 셈입니다, 이 패턴만 공부해도 3년 동안 100개가 넘는 패턴 영어를 알게 됩니다. 초등 영어 교과서에 나온 패턴 영어까지 합하면 그 양이 200개도 넘습니다. 이 정도면 원어민과 기본적인 대화가 가능한 수준입니다. 단원의 맨 앞에 학습목표가 있으니 놓치지 마세요.

읽기와 쓰기

＊

초등 영어 교과서와 중등 영어 교과서의 가장 큰 차이점은 바로 '본문'입니다. 듣기와 말하기 중심인 초등 영어 교과서의 본문은 대부분 대화문으로 되어 있고, 글이라고 하더라도 문장의 수나 길이가 짧습니다. 반면, 중등 영어 교과서의 본문은 대부분 주제가 있는 글로 구성되어 있습니다. 게다가 학년이 올라갈수록 단어와 문장 수는 물론 난이도도 올라갑니다.

실제로 한 빅데이터 기반 영어 교육 회사에서 국내 영어 교과서를 분석했더니, 초등 때는 미국 학령 기준 1학년 수준이었다가 중등에 접어들며 미국 학령 기준 3-4학년 수준, 고등은 실제 미국 중등 이상 수준의 내용이 수록되어 있다고 합니다.

① 영어 학습의 기본, 어휘

영어 학습의 가장 기본은 단어, 즉 어휘입니다. 어휘에는 단어뿐 아니라 숙어도 포함됩니다. 숙어는 단어와 단어가 모여 의미를 갖는 표현입니다. 단어와 숙어 표현의 의미를 제대로 알고 있어야 듣고, 말하고, 읽고, 쓸 수 있습니다. 중등 교육과정의 단어 공부는 단어의 의미는 물론 그 쓰임을 이해하고 암기하는 과정이 꼭 필요합니다. 쓰기 활동을 위해 정확한 철자도 익혀야 하고요. 단어를 공부할 때는 '소리 내어 읽기 → 단어와 뜻 익히기 → 문장으로 익히기 → 이야기 속에서 익히기' 순서로 하는 것이 가장 효과적입니다. 단어를 외울 때 철자와 의미만 익히느라 소리 내 보지도 않고 여러 번 쓰기만 하는 아이들이 있는데, 이런 방법은 손만 아플 뿐 크게 효과가 없습니다. 열심히 쓰다 보면 철자까지는 아는데 그 단어를 제대로 읽지 못하는 상황도 생깁니다.

present라는 단어를 예를 들어 보면, 이 단어는 강세에 따라 단어의 의미가 달라집니다. 동사로 쓰일 때는 두 번째 음절에 강세를 주어 '프리젠트[prɪˈzent]'처럼 읽어야 합니다. 그다음 '주다, 수여하다'라는 뜻을 외운 후 'My principle will present the prize.'라는 문장으로 의미와 쓰임을 익히는 연습을 해야 합니다. 그리고 '학교 행사'가 주제인 본문(이야기) 속에서 이 단어를 다시 만나면서 기억하게 됩니다.

중등 영어 교육과정에서 제시한 어휘 수는 영어 단어 750개 내외입니다. 초등 교육과정의 500여 개가 더해져 중등 3년 동안 대략 1,250개의 단어를 익힙니다. 그런데 실제로 공부하면 1,250개보다 훨씬 단어 수가 많습니다. 교육과정 어휘 수에 포함되지 않은 어휘가 있기 때문입니다(출처: 2015 영어과 교육과정).

굴절 및 파생 변화형: 문법 기능 이유로 형태가 바뀌는 단어

write(worte, written, writing)

be(am, are, is, was, were, been, being)

have(has, had, having)

book(books, booked, booking)

foot(feet)

leaf(leaves)

tall(taller, tallest)

they(their, them, theirs, themselves)

teach(teaches, thought, teaching, teacher)

tour(tourist)

soft(softly, softness)

happy(happily, happiness, unhappy) 등

같은 단어의 의미 변화, 문법상 차이
: 같은 단어이지만 뜻이나 품사가 달라지는 단어

back [ad. 뒤로, n. 등, v. 뒤로 물러나게 하다]

bat [n. 방망이/박쥐, v. 공을 치다]

change [n. 변화, v. 달라지다/바꾸다]

close [a. 가까운, ad. 가까이, v. 닫다]

flat [a. 편평한, n. 아파트 주거지/평평한 부분]

head [n. 머리, v. 향하다/가다]

kind [a. 친절한, n. 종류]

present [n. 선물, v. 주다/보여 주다]

고유명사: 인명이나 지명

Seoul, Jeju 등

호칭, 단위: 부르는 말이나 무게, 길이, 화폐 등 단위를 지칭하는 단어

Mr., Ms., Ma'am

pound, gram, liter

dollar, cent, euro

meter, yard, mile 등

숫자(기수, 서수): 개수를 나타내는 수, 순서를 나타내는 수

two, three, four

first, second, fourth 등

계절, 월, 요일

January, February, March

Monday, Tuesday, Sunday

Spring, Summer, Autumn, Winter 등

외래어: 외국에서 들어온 말로 국어에서 널리 쓰이는 단어

alarm, album, alcohol, amateur, ambulance, apartment, arch, bacon, badminton, bag, banana, belt, bench, biscuit, bonus, box, bus, butter, cabinet, cake, calcium, camera 등 (200여 개)

숫자(기수, 서수 포함), 계절·월·요일은 초등 교육과정 수준이지만 따로 나오지 않을 수 있습니다. 중학교 입학 전에 정확하게 읽고 쓸 수 있도록 연습하면 좋습니다.

중등 교육과정에서는 특히 '굴절 및 파생 변화형'과 '같은 단어의 의미 변화, 문법상 차이'로 분류되는 어휘에 중점을 두어야 합니다. 이런 어휘는 사실 문법을 이해하지 못하면 잘 외워지지 않습니다. 품사를 배우면서 어휘의 범위를 확장하는 공부가 필요합니다. 특히 중등 1학년 과정에 이런 내용이 집중되어 있습니다. 자유학년이라 지필평가가 없다고 대충 보고 넘기는 시기가 아닙니다. 어휘, 문법 모두 계속 이어지기 때문에 제대로 공부했는지 반드시 확인이 필요합니다.

② 문법 익히기

중등 교육과정의 가장 큰 특징은 초등에서 배운 내용이 구체적으로 무엇을 의미하는지 정확하게 개념화하는 것입니다. 과목별로 쓰이는 '용어'가 바로 내용과 개념을 정리하는 도구라고 할 수 있습니다. 따라서 용어를 알지 못하면 수업 자체를 이해하기가 힘듭니다. 영어에도 자주 사용하는 용어가 있습니다. 영어 수업 시간에 사용하는 용어를 이해하지 못하면 수업이 힘듭니다. 과학이나 사회 과목처럼 특정한 개념과 용어를 정확하게 외우지 않더라도 이해하는 것은 중요합니다.

바로 '문법' 용어입니다. 간혹 문법 용어를 익히는 것을 아주 고리타분하고 시대에 뒤떨어진 영어 학습법이라고 생각하는 사람들이 있는데 절대 그렇지 않습니다. 초등 1학년 국어 시간에도 문법을 배웁니다. 영어권 아이들도 영어 문법을 배웁니다. 정확하게 읽고 쓰기 위해서죠.

교과서에 명시적으로 나타나 있지 않지만 중등 영어 수업 시간에 많은 교사가 문법 용어를 사용합니다. 올바른 말하기와 글쓰기를 위해 문법을 가르치고, 이를 명확하게 설명하기 위해서 문법 용어를 사용합니다. 영어 문법 용어를 알면 영어의 구조와 의미를 훨씬 이해하기 쉽기 때문입니다.

다음은 중등 영어 교육과정에서 필요한 문법 용어입니다. 1학년에 모두 나오는 말이니 중학교 입학 전 겨울방학에는 문법 용어를 미리 익히는 것이 좋습니다. 영어로 알아두는 것도 좋습니다. 오히려 한자어보다 영어 자체로 의미를 받아들일 수 있고 학년이 올라갈수록 (특히 고등 영어에서) 영어로 용어를 사용하기 때문입니다. 기본 문법 용어만 제대로 알고 있어도 중등 문법이 훨씬 쉽게 느껴질 수 있습니다.

1. 문장(Sentence)

: 글에서 하나의 생각을 나타내는 것

	의미	예시
평서문 (declarative sentence)	보편적인 주장이나 정보를 그대로 진술하는 문장	I have a meeting with a director.
의문문 (interrogative sentence)	물어보는 문장	What are you interested in?
명령문 (imperative sentence)	명령이나 금지를 나타내는 문장	Please help me.

2. 문장 부호(Punctuation marks)

: 문장의 뜻을 정확히 전달하고, 문장을 읽고 쉽게 알 수 있도록 쓰는 표시

	의미	예시
마침표 (period/full stop)	사실에 대한 설명, 묘사하는 평서문에 사용	There are cats in the box.
물음표 (question mark)	물어보는 의문문에 사용	Where are your cat?
느낌표 (exclamation)	강한 느낌, 감정을 전달하는 문장에 사용	How cute!

3. 품사(Part of speech)

: 공통된 성질을 지닌 단어의 갈래. 영어에서는 8개로 분류.

	의미	예시
명사 (Noun/n.)	이름을 나타내는 말	I play basketball.
대명사 (Pronoun/pron.)	명사를 대신하는 말	You should bring an umbrella.
동사 (Verb/v.)	사물이나 사람의 동작, 상태를 나타내는 말	Tom cleaned his room.
형용사 (Adjective/a.)	명사의 성질이나 상태를 설명하는 말	This hat is great.
부사 (Adverb/ad.)	동사, 형용사, 부사, 문장 전체를 설명하는 말	We walked quickly through the streets.
전치사 (Preposition/prep.)	명사나 대명사 앞에서 추가 정보를 제공하는 말	The box is under the table.
접속사 (Conjunction/conj.)	단어와 단어, 문장과 문장을 연결해 주는 말	We tied and nailed them together.
감탄사 (Interjection/int.)	놀람, 슬픔, 기쁨 등 감정을 나타내는 말	Wow! You look terrific!

4. 성분(Sentence components)
: 문장에서 각각의 역할을 하는 단어

	의미	예시
주어 (Subject)	문장에서 행동이나 상태의 주체가 되는 단어	명사, 대명사
서술어/동사 (Verb)	주어의 동작이나 상태를 서술하는 단어	동사
목적어 (Object)	동사가 나타내는 동작의 대상이 되는 단어	명사, 대명사
보어 (Complement)	주어나 목적어를 보충해서 설명해 주는 단어	명사, 대명사, 형용사

　1학년에서는 동사가 주어나 시간, 상황에 따라 어떻게 쓰이는지 개념을 익히는 것이 중요합니다. 동사의 변화나 활용이 잘되어야 2학년 때 배우는 현재완료나 수동태를 잘 이해할 수 있고, 3학년에 나오는 가정법이나 화법을 활용할 수 있습니다. 1학년의 현재진행형을 알아야 3학년의 분사 구문을 이해할 수 있고요. 각 학년에서 꼭 알아야 할 문법 요소의 의미와 상황을 익혀야 교과서 본문을 이해하고 글을 쓸 수 있습니다.

　다음은 학년별로 소개하는 문법입니다. 교과서별로 약간의 차이가 있지만 큰 흐름은 다르지 않으니 학년별 문법 내용을 꼭 익히고 넘어가야 합니다.

학년	언어 형식(문법)
1	be동사, 일반 동사 · 현재형, 과거형, 진행형, 미래형 · 조동사(will, can, must) · 비교급, 최상급 · 접속사(and, but, because, when 등) · to 부정사 · 동명사
2	현재완료 · 수동태 · 접속사(if, although, as, since 등) · 관계대명사 · 1학년 문법 심화
3	가정법 · 분사 구문 · 화법 · 간접의문문 · 특수 구문(강조, 도치, 생략 등) · 2학년 문법 심화

교육과정에서는 학습자가 관심과 흥미를 느낄 수 있고, 의사소통 능력, 탐구 능력, 문제해결 능력 및 창의력을 기르는 데 도움이 되는 소재로 교과서를 구성하도록 권장합니다. 특히 교과서에 실릴 소재를 19가지 항목으로 제시했습니다. 일상생활부터 가정, 학교, 사회 등 개인에서 사회와 세계로 확장해 나간다고 볼 수 있습니다. 예를 들어, 중등 1학년 1학기에는 개인이나 가정, 학교생활에 관한 내용이 주로 나오고, 2학기에는 여가나 취미, 자연현상에 관한 내용이 나옵니다. 2, 3학년으로 올라갈수록 영어 문화권에서 사용되는 의사소통, 환경, 우리나라 문화와 생활양식을 소개하는 내용이 많아집니다. 교육과정에서 선정한 소재는 교과서 본문 내용이 될 뿐 아니라 바로 수행평가의 주제가 됩니다. 다음은 2015년 영어과 교육과정에서 선정한 19개의 소재입니다.

1. 개인생활에 관한 내용

2. 가정생활과 의식주에 관한 내용

3. 학교생활과 교우관계에 관한 내용

4. 사회생활과 대인관계에 관한 내용

5. 인문학, 사회과학, 자연과학, 예술 분야의 학문적 소양을
   기를 수 있는 내용

6. 취미, 오락, 여행, 건강, 운동 등 여가 선용에 관한 내용

7. 동식물 또는 계절, 날씨 등 자연현상에 관한 내용

8. 영어 문화권에서 사용되는 다양한 의사소통 방식에 관한
   내용

9. 다양한 문화권에 속한 사람들의 일상생활에 관한 내용

10. 우리 문화와 다른 문화의 언어적·문화적 차이에 관한 내용

11. 우리 문화와 생활양식을 소개하는 데 도움이 되는 내용

12. 공중도덕, 예절, 협력, 배려, 봉사, 책임감 등에 관한 내용

13. 환경문제, 자원과 에너지 문제, 기후변화 등 환경 보전에
    관한 내용

14. 정치, 경제, 역사, 지리, 수학, 과학, 교통, 정보 통신, 우주,
    해양, 탐험 등 일반 교양을 넓히는 데 도움이 되는 내용

15. 문학, 예술 등 심미적 심성을 기르고 창의력, 상상력을 확
    장할 수 있는 내용

16. 인구문제, 청소년 문제, 고령화, 다문화 사회, 정보 통신 윤리 등 변화하는 사회에 관한 내용

17. 진로 문제, 직업, 노동 등 개인 복지 증진에 관한 내용

18. 민주 시민 생활, 인권, 양성평등, 글로벌 에티켓 등 시민 의식 및 세계 시민 의식을 고취하는 내용

19. 애국심, 평화, 안보 및 통일에 관한 내용

다음은 교육과정에서 제시한 소재를 바탕으로 실제 교과서의 단원 주제와 읽기 내용이 구성된 목차입니다.

- **Lesson 1. Heart to Heart**

  ─ My Heart Map: heart map으로 자기소개하기

- **Lesson 2. Have Fun at School**

  ─ Classes Around the World: 세계의 다양한 수업을 생방송으로 공유하기

- **Lesson 3. Wisdom in Stories**

  ─ Full House: 삶의 지혜가 담긴 이야기를 연극 대본으로 읽어 보기

- **Lesson 4. Small Things, Big Differences**

  ─ A Day at an Elephant Home: 아프리카 코끼리 보호소에

서의 자원봉사 활동 들여다보기

- **Lesson 5. Styles Around the World**

  — The World of Hats: 기후와 관련된 세계 여러 나라의 다양한 모자 살펴보기

- **Lesson 6. People at Work**

  — News at 6: 뉴스 기자의 하루 엿보기

- **Lesson 7. Discover Korea**

  — Kelly's Road Trip to Namhae: 남해 여행 따라가 보기

- **Lesson 8. Dream Together, Reach Higher**

  — Soccer Field of Dreams: 협력을 통해 꿈을 이룬 친구들의 이야기 읽어 보기

- **Special Lesson. Kitchen Science**

  — Chocolate Fondue: 요리 속에 숨어 있는 과학 원리 알아보기

목차 출처: 중등 1학년 영어 교과서[동아(윤)]

중등 영어 교과서의 읽기와 쓰기 내용은 교육과정에서 제시한 소재에 따라 결정되지만 그 내용을 구성하는 글은 언어 형식에 의해 제한됩니다. 주제가 같은 '환경'이라고 하더라도 1학년 본문과 2학년 본문의 난이도는 다릅니다. 그 난이도를 결정하는 중요

한 요소는 바로 언어 형식, 문법입니다. 학년별로 문법을 챙기지 않으면 나중에 읽기와 쓰기가 힘들어지는 이유입니다.

영역별 기초를 세우는
중등 영어 학습 전략

중등부터 내신을 위한 영어 공부가 시작됩니다. 학기마다 치러지는 수행평가와 지필평가의 점수가 합해져서 학기를 마치고 성적표에는 'A, B, C, D, E'라는 등급이 매겨집니다. 내신을 잘 받기 위한 특별한 교재나 학원 같은 비법이 있을 것 같지만, 중등 시험의 기본은 교과서와 학교 수업입니다. 너무도 당연하고, 한편으로는 고리타분한 말이지만 생각보다 이 기본적인 사항을 지켜내지 못하는 아이들이 많습니다. 교과서와 학교 수업에 중점을 두어 고입 내신을 대비하고, 나아가 고등까지 이어지는 영어 공부법을 살펴보겠습니다.

수행평가 대비하기

*

수행평가란 실제로 영어를 활용하여 과제를 수행하는 과정을 평가하는 방식입니다. 단답형의 문제를 얼마나 많이 맞히는지 평가하지 않고, 다양한 방법으로 학습자가 가지고 있는 지식을 평가합니다. 작문, 토론, 발표, 보고서, 포트폴리오, 자기평가, 관찰 같은 방법으로요. 개인별, 짝 활동, 모둠별로 활동의 내용과 목적에 맞게 여러 명이 같은 과제를 수행할 수도 있습니다. 듣기, 말하기, 쓰기, 읽기로 기능을 세분화하여 실시하거나 쓰고 말하기, 듣고 쓰기 등 언어 기능을 종합하여 평가하기도 합니다.

수행평가 유형은 크게 기능적, 내용적, 통합적 유형으로 나눠볼 수 있습니다. 학습목표에 따라 기능별로 세분화하거나, 주제에 따라 내용을 통합하기도 합니다.

먼저 듣기 수행평가를 살펴보면, 전국 시·도 교육청에서 함께 실시하는 영어듣기 능력평가(연 2회) 점수를 반영하거나 학교 자체에서 교과서 내용으로 시험을 봅니다. 말하기와 쓰기는 교과서 주제에 맞는 내용을 그대로 암기하거나 자기 생각으로 다시 재구성해서 발표하고 영어로 쓰는 평가가 있습니다.

내용별 유형 역시 교과서 내용을 벗어나지 않습니다. 예를 들어, 교과서 본문에서 일기문을 배웠다면 수행평가 역시 '나의 일기'로 평가하는 거죠. 수업 시간에 배웠던 일기의 형식과 문법 요소를 다 포함해서 평가를 합니다.

마지막으로 통합적 유형입니다. 영어의 기능을 통합하거나 다른 과목과 융합하여 평가합니다. 직접 대화문을 작성하여 짝과 함께 역할극을 하거나, 우리나라 문화나 역사를 소개하는 글을 쓰는 유형이 있습니다.

수행평가의 유형은 무궁무진합니다. 가장 중요한 것은 수업 시간에 성실하게 참여하는 것입니다. 교사가 직접 제작하고 채점하기 때문에 선생님의 안내를 잘 듣는 것이 제일 정확하거든요. 전국 영어듣기 능력평가를 수행평가에 반영하는 학교도 있습니다. 영어듣기 능력평가는 전국적으로 동시에 진행되기 때문에 일정이 3월쯤 공지됩니다. 기출문제를 미리 살펴보면 유형을 알 수 있으니 틈틈이 공부하는 것이 좋습니다. EBS 전국 영어듣기 능력평가 홈페이지에서 기출문제와 답을 확인할 수 있습니다(https://home.ebs.co.kr/home1810/main).

수행평가는 문제를 정확하게 읽고, 문제가 요구하는 답을 빠짐없이 적는 것이 중요합니다. 중등 1학년 1학기 수행평가의 가장 일반적인 주제는 '소개하기'입니다. 1학기에 나 자신 혹은 가족에 관한 이야기가 나오기 때문입니다. 그리고 언어 형식은 '동사의 현재형'입니다. 즉 영어 동사의 가장 기본인 현재형을 활용하여 '자기소개'하기가 수행평가 주제가 되는 거죠. 예를 들면 다음과 같은 형식입니다.

1. **주제**: 내가 좋아하는 것 소개하기
2. **활용할 언어 형식**
    — I am ~
    — I like ~ / I want~
3. **조건**
    — 10문장 이상으로 작성할 것
    — 위 언어 형식을 2개 이상 포함할 것
    — 문장 부호 바르게 쓸 것
4. **평가 요소**
    — 주제에 관련하여 일관성 있게 작성하였는가?
    — 사용한 어휘와 표현이 자연스러운가?
    — 문법, 어휘, 철자의 오류가 없는가?
    — 조건에 맞게 글을 썼는가?

학년이 올라갈수록 문장 수나 사용해야 하는 언어 형식, 조건이 늘어납니다. 하지만 걱정할 필요는 없습니다. 조건과 기준에

부합하여 바른 글씨로 또박또박 적으면 충분히 좋은 결과를 얻을 수 있습니다. 주제와 관련된 글을 조건에 맞게 제대로 쓴다면 어휘나 문법의 오류가 약간 있더라도 크게 감점이 되지 않습니다. 물론 평가하고자 하는 언어 형식만큼은 정확하게 써야 합니다.

수행평가에 임하는 성실한 태도도 중요합니다. 영어 말하기 평가의 경우 유창한 발음과 수준 높은 표현을 요구하는 것이 아니라 학년에 맞는, 교과서에서 배운 단어와 구문을 활용하는 것을 평가합니다. 발음이 좋지 않거나 완벽한 문장을 구사하지 못한다고 할지라도 아이들의 시도와 노력이 점수에 반영될 수 있습니다. 자신이 없고 완벽한 준비를 못 했더라도 성실하고 적극적인 태도로 수행평가에 참여하면 좋은 점수를 받을 수 있다는 거죠.

지필평가 준비하기

*

중등 2학년부터 지필평가를 봅니다. 수행평가에 비해 과목별 반영 비율이 높지 않아도 공식적인 시험을 준비하는 과정과 그 긴장감은 매우 높습니다. 영어 지필평가는 어떤 형태로 구성되고 어떻게 준비해야 하는지 살펴보겠습니다.

영어 지필평가에 나오는 지문은 교과서에 있는 듣기 대본과 본문입니다. 어휘나 문법 역시 교과서나 수업 시간에 사용했던 학습지입니다. 교과서 내용을 충분히 알고 있다면 정답을 어렵지 않게 찾을 수 있습니다. 다음은 지필평가 유형입니다.

유형		예시
선택형		• 다음 글의 제목으로 가장 적절한 것은? • 어휘의 쓰임이 문맥상 적절하지 않은 것은? • 어법상 틀린 것은? • 빈칸에 들어갈 표현으로 가장 적절한 말은? • 글의 내용과 일치하는 것은? • 글에 대한 설명으로 옳은 것은? • 전체 흐름과 관계없는 문장은? • 주어진 글 다음에 이어질 글의 순서는? • 주어진 문장이 들어가기에 가장 적절한 곳은?
서답형	단답형	• 빈칸에 공통으로 들어갈 단어는?
	논술형	• <조건>에 맞게 문장을 완성하시오

영어 지필평가에서 가장 많이 나오는 부분은 교과서 본문입니다. 본문은 주제와 맥락이 있는 글이고, 주요 문법과 어휘가 다 들어 있기 때문이지요. 본문이 가장 중요하다 보니 통째로 외우는 방법을 많이 추천합니다. 물론 중등 지필평가에서는 본문을 외우는 것만으로도 점수가 잘 나올 수 있습니다. 하지만 고등에서는 맥락에 대한 이해를 전혀 하지 않고 기계적으로 외우는 방법은 전혀 통하지 않습니다. 고등 영어 교과서 본문은 외우기에 양도

많고, 공부해야 할 다른 과목이 너무 많기 때문입니다.

본문은 먼저 전체 내용을 이해하고, 주요 문법이 글에서 어떻게 사용되었는지 알아야 합니다. 또 손으로 직접 내용을 요약하며 자신의 언어로 정리하는 연습도 꼭 필요합니다. 특히 주요 표현과 문장은 꼭 입으로 소리 내어 읽으면서 익숙해지는 것이 좋습니다.

듣기 대본에서도 시험이 나올 수 있습니다. '다음 대화에 알맞은 대답은?' '대화의 흐름에 맞지 않은 표현은?' 등 대화문 역시 본문과 비슷한 유형으로 출제되므로 교과서 맨 뒤편 부록에 있는 대본도 꼭 확인합니다.

고입 영어 준비하기

＊

중학교 3학년 12월쯤이면 기말고사가 끝이 나고 고입 원서 접수도 어느 정도 마무리됩니다. 스산해지는 날씨처럼 3학년 교실도 점점 활기가 잃어 가지요. 최종 목표인 고등학교 입시가 끝났으니 중학교 공부도 끝난 것처럼 수업에 참여하는 아이들이 줄어듭니다. 시험도 다 끝났으니 공부할 필요가 없다고 생각하거든요. 하지만 중학교 3학년의 12~2월은 그 어느 때보다 중요한 시기입니다. 고등학교 입학 전 꼭 챙겨야 할 영어 공부법을 살펴보겠습니다.

① 중등 문법 완벽 정리와 어휘력

고등 영어는 중등과 비교가 힘들 정도로 지문의 길이가 길어지고 어려워집니다. 다행히도 문장 구조, 즉 영어의 골격은 중등에서 배운 내용과 같아서 문법은 큰 변화가 없습니다. 고등 영어는 기본 골격에 단어와 구문이 더해져 지문이 더 깊이가 있고 주제도 풍부합니다. 그래서 중등 문법에서 이해가 잘되지 않거나, 특히 어려움이 있었던 부분은 꼭 정리해야 합니다.

고등 영어가 어렵게 느껴지는 또 다른 이유는 공부해야 할 어휘가 폭발적으로 늘어나기 때문입니다. 단어를 외울 때는 앞서 말했듯이 철자와 의미만 외워서는 효과가 없습니다. 그 단어가 쓰이는 상황이나 예문을 같이 익혀야 합니다.

② 단계별 도서로 원서 읽기

영어에서도 독서는 중요합니다. 어릴 적부터 리더스나 챕터북으로 영어책을 읽어서 다양한 텍스트에 적응이 되었다면 다행이지만, 영어 교과서 이외에 영어로 된 글을 따로 읽어 본 경험이 없다면 원서를 읽는 것이 두렵기만 합니다.

영어책을 읽어 본 적이 없다면 '단계별 도서(graded readers)'를 권합니다. 단계별 도서란 영어를 외국어로 공부하는 학습자를 대상으로 만들어져서 단어 수준이나 문장 구조, 문법의 난이도가 단계별로 구성된 시리즈를 말합니다. 단계별 도서의 가장 큰 장점은 영어 학습에 필수적인 단어와 문법의 난이도가 체계적으로 구성되어 있으면서 내용의 장르가 다양하다는 점입니다. 특히 단계를 구분하는 기본적인 기준은 단어 수인데 단계가 낮을수록 수록된 단어 수가 적고, 같은 단어가 자주 반복됩니다.

〈옥스퍼드 북웜 시리즈(Oxford Bookworm Library)〉의 경우 시리즈 전체에 영어 학습자가 알아야 할 기본 어휘 2천 개 중 84.7%의 단어가 수록되어 있고, 전체 시리즈를 모두 읽으면 74.4%의 단어를 10번 이상 만나도록 구성되어 있다고 합니다. 단어뿐만이 아닙니다. 〈옥스퍼드 북웜 시리즈〉의 가장 낮은 단계인 스타터(starter)에는 현재 시제, 현재진행형, 명령문, 1단계(stage 1)에는 스타터에 있는 모든 문법 요소는 물론 과거 시제, 접속사(and, but, or), 동명사, to부정사를 포함하고 있습니다. 중등 영어 교과서와 비슷한 구성이죠. 내용 역시 동화, 고전, 자연, 예술, 역사, 유명한 영화 원작, 실제 사건, 현대 소설, 잡지 등으로 시리즈만 다 읽어도 유명한 이야기를 영어로 다 만날 수 있습니다.

이렇게 다양한 장르의 영어 텍스트를 읽으면 고등 영어 공부에 도움이 됩니다. 수능 영어에 출제되는 지문도 과학, 역사, 예술 등의 비문학 소재가 많습니다. 그냥 문제집을 많이 풀면 문제 유형에 익숙해지지만 읽기 실력은 크게 늘지 않습니다. 특히 수능 영어는 정해진 시간에 긴 지문을 모두 읽어야 해서 '속독'이 필요한데, 유형을 분석하거나 독해 전략을 사용하는 것만으로는 한계가 있거든요. 고등학교 입학을 앞두고 영어 읽기의 속도를 늘리고 많은 양의 글을 읽는 연습을 위한 단계별 도서를 추천합니다.

Oxford Bookworms Library(출처: http://www.oup.com/elt)

Starter (250 words)	현재형, 현재진행, 명령문, 간단한 동명사, can/must/going to 등
Stage 1 (400 words)	과거형, 접속사(and, but, or), 시간 부사(before/after/when), 이유(because, so), 양태 부사, 동명사, 목적을 나타내는 to부정사 등
Stage 2 (700 words)	현재완료, 과거진행, 미래(will), must not / (don't) have to/ could, 비교급, if절, 부가의문문, ask/tell + to부정사 구문 등
Stage 3 (1,000 words)	현재완료진행, 과거완료, should/may, used to, 사역동사, 관계절, 간접의문문 등
Stage 4 (1,400 words)	과거완료진행, 수동태, 간접의문문, 가정법, 목적/이유/대조 구문 등
Stage 5 (1,800 words)	미래진행, 미래완료, 가정법, so/such ~ that 등
Stage 6 (2,500 words)	수동형, 양보절, 조건절 등

Penguin Readers(출처: http://www.penguinreaders.com)

Easy Starter (200 words)	현재형(부정문 제외), 현재진행(현재 의미), 빈도/장소/시간 부사, 접속사(and, but, or), 소유격, 기수(1-100th), 서수(1st-31st), some/all/any 등
Level 1 (300 words)	동명사, 지시어(these/those), 현재진행(미래의미), 과거형, would like to, 접속사(because), a little/ a lot of / much / many 등
Level 2 (600 words)	과거형, 비교급, 최상급, 감탄문, 형용사+-ly, 직접화법, will 용법 등
Level 3 (1,200 words)	현재완료, 과거진행, 조동사(could/must/shall/should/would), 관계대명사(whose), 비교급, 최상급 등
Level 4 (1,700 words)	과거완료, 사역동사, 조동사(may/might/must) 수동태, if절, 형용사+enough, as well as 등
Level 5 (2,300 words)	미래형, 과거완료진행형, would 용법, 가정법 등
Level 6 (4,000 words)	미래완료, 조동사(might, must, should), 혼합가정법 등

③ 모의고사로 고등 영어 맛보기

고등학교 입학 후 3월에는 전국연합 학력평가(시·도 교육청 주관), 6월에는 모의고사(한국교육과정평가원 주관)가 있습니다. 고등이긴 하지만 3월과 6월 평가는 사실 중등 3년간의 영어 실력을 평가한다고 볼 수 있습니다. 중학교 3학년 겨울 방학 동안 모의고사를 풀어 보면서 미리 고등 영어 시험의 유형과 난이도를 살펴봅니다. 중등 영어와 다른 공부 방법을 생각해 보고 새로운 목표를 세워 나가야 하는 시기입니다. 기출문제는 아래의 사이트에서 무료로 볼 수 있습니다.

- 서울진로진학정보센터

  https://www.jinhak.or.kr/subList/20000000263

- 한국교육과정평가원

  https://www.kice.re.kr/boardCnts/list.do?boardID=

  1500236´m=0403´s=suneung´searchStr

5

초중등
공부 능력
키우는

학부모를
위한
학습 상담소

아이의 국어 능력 향상을 위해 가정에서 할 수 있는 방법은 무엇이 있을까요?

가정에서 가장 손쉽게 할 수 있는 건 단연코 '독서'입니다. 하지만 아이에게 책을 읽으라고 한다고 다 읽는 건 아니잖아요. 일단 처음부터 책 읽기를 강요하지 말고 저학년이라면 우선 그림책 표지를 보고 내용을 상상하거나, 함께 표지를 따라 그려 보거나, 그림책 표지에 나와 있는 표정이나 행동을 따라해 보는 단순한 활동부터 해봅니다. 그림책 제목으로 끝말잇기를 해 봐도 좋아요. 중요한 건 책에 흥미를 갖게 하는 거니까요.

두 번째 단계로 가족이 함께 읽는 겁니다. 부모와 자녀의 함께 읽기는 국어 능력을 향상시키는 가장 효과적인 방법 중 하나라고 생각합니다. 아이의 나이에 맞는 책을 선택해서 함께 큰 소리로 읽으세요. 한 줄씩 혹은 한 문단씩 번갈아 가면서 읽고, 등장인물과 주제에 대해 이야기를 나눠 보는 거죠. 이 방법은 어휘력, 이해력 그리고 비판적 사고 능력을 발달시키는 데 도움을 줍니다.

그 외에 장난감을 사면 설명서를 아이가 읽게 하는 겁니다. 요리를 한다면 아이가 레시피를 읽고 직접 계량을 하는 것도 필요합니다. 아이가 어리다는 이유로 부모가 먼저 나서서 설명해 주는 경우가 있는데, 스스로 과정에 대해 논리적으로 생각해 보는 것도 국어 능력 향상에 도움이 됩니다.

아이를 스토리텔링에 참여시키는 것도 좋습니다. 교육 콘텐츠나 영화를 함께 보고 해당 상황에 대해 이야기를 해 보는 거죠. 이때 부모가 어떤 상황의 다음 이야기가 생각나지 않으니 아이에게 그 뒷이야기를 얘기해 달라고 하거나 줄거리를 요약해 달라고 하는 것도 방법입니다.

일기 쓰기처럼 정기적으로 글을 쓰게 하는 것도 생각을 정리하고 글쓰기 능력을 발달시키는 데 도움이 됩니다. 요즘 아이들 랩 좋아하는데요. 랩처럼 라임이 살아 있는 동요나 시를 함께 읽어 보고 이야기하는 방법도 있습니다. 라임은 음소 인식, 리듬 및 언어 패턴 사용에 도움이 되겠죠.

국어 능력 향상의 열쇠는 결코 문제집에만 있는 건 아니라는 걸 명심하셨으면 좋겠어요. 국어 공부가 즐겁고 매력적인 과정으로 다가갈 수 있는 여건을 만들어 주세요.

중등 국어 교육에서 어휘력을 향상시키는 방법은 무엇이 있을까요?

중등 교육과정은 어휘력을 폭발적으로 키울 수 있는 시기입니다. 4가지 방법을 말씀드릴게요.

첫째, 책을 많이 읽어야 합니다.

어휘력을 키우기 위해서 다양한 책을 많이 읽는 것이 가장 좋은 방법입니다. 책 읽기를 통해 어휘가 어떤 다양한 상황에서 사용되는지 알게 됩니다. 그중 가장 좋은 것이 국어 교과서입니다. 국어 교과서에는 시나 소설 등의 문학 작품도 나오지만 다양한 영역의 비문학 작품도 많이 나옵니다. 아이들이 평소에 관심이 없었던 분야도 다양하게 접할 수 있지요. 갈래가 다르면 사용하는 어휘도 달라질 수밖에 없습니다. 시험을 잘 보기 위해서라도 국어 교과서를 꼼꼼히 읽어야 하지만, 교과서에 담긴 다양한 영역의 글을 통해 어휘력도 키울 수 있습니다.

둘째, 교과서에 나오는 어휘는 분명하게 알고 넘어가야 합니다.

교과서는 수많은 개념어가 담겨 있는 책입니다. 개념어는 대부분 한자로 이루어져 있지요. 책을 많이 읽어서 단어의 뜻을 유추할 수 있는 아이라면 굳이 단어의 뜻을 찾아보지 않아도 되지만, 그렇지 않다면 단어의 뜻을 찾아서 읽는 과정이 어휘의 뜻을 익히는 데 큰 도움이 됩니다. 개념어가 나올 때마다 사전을 찾아서 한자의 뜻까지 함께 살핀다면 단순히 외우는 공부가 아니라 스스로 익히고 이해하는 공부로 나아갈 수 있습니다.

셋째, 많이 듣고 많이 말해야 합니다.

국어 교육과정에서 가장 처음 나오는 것이 듣기와 말하기입니다. 그다음이 읽기와 쓰기고요. 그만큼 듣기와 말하기가 국어 교육에서 중요하다는 것이죠. 어휘력을 향상시키기 위해서도 많이 듣고 말해야 합니다. 내가 알고 있는 어휘를 실제로 활용하지 않으면 제대로 알고 있는지 확인할 길이 없습니다. 많은 아이들이 글쓰기를 싫어합니다. 그런데 글쓰기와 달리 말하기는 그렇게까지 거부하지 않습니다. 자연스럽게 대화를 나누면서 익혔던 어휘를 사용하도록 이끌어 주세요. 반드시 학습적인 내용으로 하지 않아도 됩니다. 가정에서 부모님과, 학교에서 수업 시간에 궁금한 것을 질문하는 등의 대화를 통해서도 다양한 어휘를 익히고 다듬을 수 있습니다.

넷째, 글을 씁니다.

글쓰기를 싫어하는 아이에게 어떻게 억지로 글을 쓰게 하냐고요? 국어 교과서에는 설명하는 글쓰기, 주장하는 글쓰기, 보고하는 글쓰기 등 다양한 글쓰기 활동이 있습니다. 아이가 이런 글쓰기 활동에 적극적으로 참여하는 것만으로도 충분히 어휘력을 키울 수 있습니다. 가정에서도 국어 교과서의 목차를 보고 비슷하게 다양한 글쓰기 활동을 할 수 있습니다. 예를 들어 '주장하는 글쓰기' 단원이라면 비슷하게 다른 주장하는 글을 쓰게 한다는 식으로요. 학교에서 수업 시간에 분량을 정해줄 테니 가정에서는 아주 길게 쓰지 않아도 됩니다.

수학 시험을 잘 보는 비법이 있을까요?

첫째, 문제를 정확히 이해해야 합니다.

수학 문제를 잘 풀려면 문제를 정확하게 이해하는 게 시작입니다. 특히 아이들이 어려워하는 건 긴 문장으로 되어 있는 문장제입니다. 다른 문제는 배운 공식을 이용해서 눈에 보이는 숫자를 대입하기만 하면 풀리거든요. 그런데 문장제는 그렇지 않습니다. 긴 문제를 읽다 보면 끝부분에 가서는 앞부분을 기억하지 못하는 경우가 종종 있습니다. 자주 있습니다. 그러면 아이는 처음부터 다시 읽어야 합니다. 그래서 문제를 정확하게 이해하는 연습이 필요합니다.

문제를 정확하게 이해하려면 어떻게 해야 할까요? 먼저, 문제에서 구하려는 게 무엇인지 확인해야 합니다. 보통 문제의 맨 마지막에 나옵니다. '지후와 은후가 가지고 있는 장난감 수의 합은 얼마입니까?' 같은 형태로 나옵니다. 다음으로 주어진 조건을 확인해서 동그라미를 쳐야 합니다. '지후는 자동차 장난감이 3개, 은후는 로봇 장난감이 2개 있습니다.'처럼 나옵니다. 그럼 '지후 장난감 3개, 은후 장난감 2개'에 각각 동그라미를 쳐야 합니다. 출제자는 수학 문제에는 불필요한 조건을 주지 않습니다. 문제에 나와 있는 조건은 모두 문제 풀이에 필요합니다. 특히 초등 과정에서는 99% 이상이라 할 수 있습니다. 그런 뒤에 조건을 하나씩 이용해야 합니다. '장난감이 3개와 2개가 있으니까 이걸 더해야 하네.'라고 생각해야 합니다.

만약 문제 풀이 과정이 막혔다면 어떻게 해야 할까요? 문제에 주어진 조건을 다 이용했는지 확인하거나, 놓친 조건이 없는지 문제를 다시 읽어 봅니다. 교사들이 항상 하는 말이 있죠. "문제에 답이 있다." 그런데 정말 그렇습니다. 문제에 답이 있습니다. 마지막 과정이 남았습니다. 답을 구하고 나면 '구하려는 것'을 한 번 더 확인해야 합니다. 계산 결과를 그대로 쓰는 건지, 두 값을 더하는 건지, 2개 중 더 큰 값을 쓰는 건지에 따라 정답이 다릅니다. 문제에서 제시한 것대로 답을 써야 합니다.

둘째, 시간 관리가 매우 중요합니다.

시험은 정해진 시간이 있고, 그 시간 안에 문제를 다 풀어야 하기 때문입니다. 시험지를 받으면 아이들은 어떻게 하죠? 반, 번호, 이름을 쓰고 1번부터 차례대로 풀어 내려갑니다. 끝까지 모르는 문제가 없거나, 시간을 많이 쓰지 않고 술술 풀어 가면 정말 좋겠죠. 그런데 만약 모르는 문제가 나오면 어떻게 해야 할까요? 이럴 땐 별표를 하고 넘어가야 합니다. 문제마다 시간을 많이 써야 하는 유형이 있고, 아닌 유형이 있습니다. 40분 동안 20문제를 풀어야 한다고 했을 때 모든 문제에 2분을 쓰는 게 아닙니다. 어떤 문제는 1분에 풀어야 하고, 어떤 문제는 3분에 풀어야 할 수도 있습니다. 그렇기 때문에 푸는 방법을 잘 모르거나, 푸는 데 시간이 오래 걸릴 것 같으면 별표를 하고 넘어가야 합니다. 그런 다음 마지막 문제까지 빠르게 풀고 다시 넘어와서 별표했던 문제들을 풀어야 합니다. 그럼 한 문제당 평균 2분이었던 시간이 3~4분으로 늘어나는 마법을 경험할 수 있을 겁니다. 그렇다면 조금 더 여유롭게 생각하고 문제를 풀 수 있습니다. 풀이 과정이나 공식을 모를 때 숫자를 하나씩 대입해서 풀 수 있는 시간까지 만들 수도 있답니다. 이건 요령이 아니라 문제 푸는 기술입니다.

셋째, 계산 실수를 방지합니다.

시험을 시작하기 전에 아이들에게 항상 강조하는 말이 있습니다. "실수도 실력이다." 시험을 보고 아이들과 단원평가를 같이 채점할 때면 항상 들리는 말이 있습니다. "아~ 실수로 틀렸다." 수와 연산은 연산 능력을 측정하는 시험입니다. 다른 영역의 문제에도 수와 연산이 녹아들어 가 있기도 하죠. 그렇기 때문에 연산을 틀리면 수와 연산 성취 기준에 도달하지 못한 겁니다. 계산할 때 항상 조심해야 합니다. 조심해야 한다는 게 무슨 뜻일까요? 쉽다고, 잘 안다고 무조건 빠르게 하는 건 위험하다는 겁니다. 빠르면서 정확하게 해야 합니다. 어려운 말이죠? 하지만 그 단계까지 만드는 게 실력입니다.

그렇다면 빠르면서 정확하게 하려면 어떻게 해야 할까요? 어떤 일을 빠르게 할 수 있다는 건 능숙하다는 뜻입니다. 능숙하려면 평소에 많이 해 봐야 합니다. 연산에 능숙하려면 평소에 연산 연습을 많이 해야 합니다. 그럼 정확하게 하려면 어떻게 해야 할까요? 정확하다는 건 틀리지 않는다는 겁니다. 그런데 사람은 실수를 할 수 있습니다. 시험에서도 실수를 할 수 있다는 가정하에 그것을 검산 과정이 필요합니다. 그러려면 계산 중간 과정을 세세하고 깔끔하게 적는 습관을 들여야 합니다.

문제집이나 시험지에는 항상 빈 곳이 있습니다. 연습장처럼 넓지는 않지만 공간을 효율적으로 사용하면 충분히 활용할 수 있습니다. 가능하면 문제 옆에 줄을 맞춰서 숫자를 씁니다. 숫자는 최대한 깔끔하고 예쁘게 써야 합니다. 갈겨쓰면 검산할 때 실수를 잡아내기 힘들기 때문입니다. 평소에 연산 연습을 많이 하고, 문제를 풀 때는 깔끔하게 식을 쓰고 푸는 연습을 하도록 해 주세요.

중등 수학 학습에서 가장 어려운 점은 무엇인가요?

첫 번째는 수학 교과 내용에서의 어려움입니다.

중등 수학이 초등 수학과 가장 다른 점은 문자를 사용한다는 점입니다. 숫자만 사용하다가 문자를 사용하면 아이들은 왜 수학 시간에 영어가 나오냐고 투덜거립니다. 중등 수학에서는 규칙을 찾아 일반화할 때 문자를 사용하고, 변수나 미지수도 문자로 나타냅니다. 아이들은 문자의 필요성에 대해 스스로 느끼고, 반복해서 사용해 보면서 익숙해져야 합니다. 초등 때 수를 먼저 학습한 다음에 수끼리 더하고, 빼고, 곱하고, 나누는 것을 배웠습니다. 중등 수학에서는 문자를 학습한 다음에 그 문자를 사용하여 방정식이나 부등식을 세우고 해를 구하고, 규칙을 찾아 함수식을 만들고, 주어진 조건에 맞게 함숫값을 구합니다.

두 번째는 평가 방법입니다.

초등 교육과정은 평가는 하지만 중등과 같은 형태로 시험을 치르지는 않습니다. 성적은 지필평가와 수행평가를 정해진 비율대로 합산한 다음 기준에 따라 A, B, C, D, E로 나옵니다. 지필평가는 정해진 시간 안에 주어진 문제를 모두 풀 수 있어야 합니다. 평소에 수학을 잘하더라도 시간 분배를 잘하지 못하면 문제를 다 풀지도 못하고 끝나는 경우도 있습니다. 그래서 시험 보는 상황을 연습할 필요가 있습니다. 이뿐만 아니라 시험을 본 다음에는 반드시 문제를 다시 한 번 확인하면서 복습하는 시간을 가져야 합니다. 중학교 때 이 습관을 반드시 길러 두어야 합니다.

수행평가는 사전에 교사가 수행평가에 대한 시간과 방법을 안내하고, 수업 시간에 이루어집니다. 미리 계획이 공지되기는 하지만 자세한 내용은 수업 시간에 안내되므로 아이가 그 부분에 귀를 기울이지 않으면 수행평가에서 좋은 성적을 받을 수 없습니다. 초등 때는 부모님이 하나하나 챙겨 주었더라도 중등 때부터는 스스로 일정을 챙겨야 합니다. 혹시나 챙기지 못했더라도 배우는 과정이라고 생각하고 다음번에 잘할 수 있도록 격려가 필요합니다. 자신이 해야 할 일에 대한 주인의식을 갖고 자신의 일에 책임감을 배울 수 있는 기회이기도 합니다.

수학 공부를
재미있게 할 수 있는
방법이 있을까요?

무슨 일이든 '재미'라는 요소는 중요합니다. 사전을 찾아보니 '어떠한 것에 대해 흥미를 느끼고, 그것에 관한 일종의 만족감'이라고 나옵니다. 처음에는 아이들이 수학 시간에 재미를 느끼며 즐겁게 공부하는 모습을 떠올렸습니다. 그런데 시간이 지날수록 그런 재미는 수학의 본질과는 거리가 있다는 생각이 들더군요. 사전적 의미에도 담겨 있듯 수학을 공부하면서 얻는 '만족감'이 있어야 한다고 생각했습니다. 평소에 생각하지 못했던 것을 수학으로 인해서 다르게 생각하게 되었을 때, 풀지 못했던 문제를 계속 고민하다가 혼자서 문제 해결의 실마리를 발견했을 때, 수학과 관련된 책을 읽으면서 기존에 배운 수학에 새로운 의미를 부여할 수 있을 때 '만족감'을 얻을 수 있다고 생각이 바뀌었습니다.

초등학생 때는 수학 체험관에 가서 다양한 교구를 만져 보고 활동해 보면서 수학을 만나는 경우가 많습니다. 체험이 체험으로만 끝나지 않으려면 수학적 개념과 연결되는 경험이 있어야 합니다. 그런데 중고등학교에서 배우는 수학은 일상생활과 연결되지만 그 연결고리가 눈으로 모두 확인할 수 있는 것은 아닙니다. 그래서 아이들이 "수학을 배워서 어디에 써먹어요?"라는 질문도 하는 거겠지요. 수학이 추상화되고 일반화될수록 수학 그 자체에서도 재미를 느낄 수 있어야 수학을 오래 즐겁게 공부할 수 있습니다. 수학을 배우면서 계속 '왜?'라는 질문을 마음에 품어야 합니다. 새로운 개념을 배우거나, 기존에 배운 개념이지만 초등 때 배운 수학과 접근하는 방식이 다르거나, 문제를 풀이해 나가는 과정에서 '왜?'라는 질문을 하지 않는다면, 그저 또 하나의 외워야 할 내용이거나 시험을 위한 공부가 될 것입니다. '왜?'라는 질문을 품고, 그것에 대한 답을 찾아가는 과정에서 재미를 느낀다면 수학이라는 과목이 예전과는 다르게 느껴질 겁니다.

영어 공부에 자주 활용되는 디지털 학습 자료나 웹사이트를 추천해 주세요.

우리나라에서는 외국어로서의 영어를 배우게 됩니다. 일상생활에서 영어를 접하거나 말할 수 있는 기회는 흔치 않습니다. 이와 같은 경우에 디지털 학습 자료나 웹사이트는 영어를 재미있게 배우기 위한 하나의 방법일 수 있습니다.

1. 듀오링고

듀오링고는 무료 외국어 공부 사이트입니다. PC, 안드로이드, iOS에서 모두 사용이 가능합니다. 퀴즈 게임 형태로 진행되어 지루함이 덜하다는 장점이 있지요. Streak이라는 포인트 제도를 통해 학습의 꾸준함을 점검할 수 있고, Lingot이라는 보석 형태의 아이템을 통해 캐릭터의 옷을 사거나 아이템을 살 수도 있습니다.

2. 멤라이즈

PC, 안드로이드, iOS에서 모두 사용 가능합니다. '학습하기'에
서는 시나리오에 따라 퀴즈 형태의 문제를 풀며 영어를 익힐 수
있어요. '소통하기'는 GPT-3를 기반으로 한 챗봇(멤봇)과 다양한
상황을 주제로 대화할 수 있고요. 키보드 입력도 가능하고, 목소
리 입력도 가능해 실생활에서 대화하는 것처럼 회화 연습이 가능
합니다.

3. BBC Learning English

BBC 러닝 잉글리시는 무료 오디오, 비디오, 텍스트 자료를 공
유해 주는 사이트입니다. 문법을 공부하고, 발음을 개선하고, 주
제 뉴스를 통해 영어를 발전시킬 수 있습니다. 수준에 맞는 코스
와 셰익스피어 스픽스와 같은 흥미로운 애니메이션 자료도 제공
합니다. 제공된 자료의 마지막에는 확인 문제를 풀어 볼 수 있어
이해력을 높일 수 있습니다.

4. Google Read Along

Read Along은 Google에서 개발한 어린이용 독서 애플리케이
션입니다. 책을 읽고, 단어를 배우고, 소리를 들을 수 있어요. 다
양한 수준의 책을 제공해 수준에 맞게 책을 선택할 수 있습니다.

책을 읽는 동안 발음과 단어를 정확하게 연습할 수 있습니다. PC에서도 이용할 수 있고, 안드로이드와 iOS에서도 무료로 이용할 수 있습니다.

5. lyricstraining

뮤직 비디오와 노래의 가사를 통해 영어 실력을 즐겁게 높일 수 있는 사이트입니다. 노래의 소절을 듣고 누락된 단어를 쓰는 연습을 통해 새로운 어휘를 배울 수 있고, 문법 연습도 할 수 있습니다.

중등 영어 공부 어떻게 할까요?

중학교에 입학해 본격적으로 '시험 영어'를 접하기 때문에 어떻게 영어를 공부해야 할지 막막해 하는 아이들이 많습니다. 중등 영어가 고등과 대학 입시, 그 이후 영어를 하는 데 바탕이 되기 때문에 중등 때부터 영어 공부의 밑그림을 잘 그려 두는 게 좋습니다.

영어 공부는 악기를 배우는 것과 비슷합니다. 처음 악보를 보고 손가락으로 건반을 두드리는 방법을 배웠다고 저절로 연주를 할 수 없지요. 혼자서 연습하고, 안 되는 부분은 집중적으로 반복해야 합니다. 학교 영어 수업(주 3~4시간)에 집중하는 것만으로 충분하지 않다는 거지요. 반드시 더 시간을 내어 스스로 공부해야 하는데 부모가 어떻게 도움을 줄 수 있을까요? 중학교 영어 공부법은 크게 4가지입니다.

먼저 단어입니다. 단어를 모르면 문장을 읽을 수도, 문제를 풀 수도 없습니다. 영어 교재를 하나 정해서 매일 단어를 외우게 하세요. 중등 수준의 필수 영어 단어는 대략 2천여 개 정도입니다. 매일 20개씩 외운다면 4개월 정도 공부하게 됩니다. 중등 1-2학년에는 같은 교재를 5~6번 반복합니다. 3학년에는 고등 수준의 교재를 정해 앞서 말한 방법으로 매일 외우게 합니다. 여러 번 반복해도 외워지지 않고 계속 틀리는 단어가 있다면 따로 자신만의 단어장을 만들게 하세요. 여기서 부모의 역할은 단어를 점검해 주는 일입니다. 일주일에 한 번 그동안 외운 단어의 의미를 물어보는 거죠. 철자까지 확인할 필요는 없습니다. 그냥 말로 점검해 주는 것만으로 충분합니다.

두 번째로 문법입니다. 중등 문법은 문장 해석에 필요한 핵심 요소입니다. 어느 하나 중요하지 않은 내용이 없어요. 그래서 무엇보다 학교 영어 수업 시간에 집중하고 교과서 본문을 꼼꼼하게 읽는 것이 중요합니다. 학교에서 사용하는 영어 교과서가 아니더라도 다른 출판사의 교과서를 따로 집에 두고 본문을 정확히 해석하게 하세요. 교과서 수준의 영어 지문을 꼼꼼하게 읽는 것만으로 핵심 문법은 충분히 학습할 수 있습니다.

세 번째로 읽기, 독해입니다. 중등 영어를 넘어 수능 영어까지 생각한다면 교과서 지문만으로 부족합니다. 수능 영어에서는 빠른 시간에 글을 읽고 주제와 정보를 찾는 연습이 필요하지만, 문제집으로 답을 찾는 기술은 고등에서 익혀도 늦지 않습니다. 중등에서는 무엇보다 다양한 종류의 긴 지문을 많이 읽는 것이 좋습니다. 마치 우리말 독서처럼 영어로 된 글을 읽으면서 맥락과 흐름을 논리적으로 이해하는 연습이 필요한 거죠.

마지막으로 쓰기입니다. 쓰기는 단어와 문법, 읽기를 통합하는 영역입니다. 그래서 학교 수행평가에 반드시 포함되는 것이죠. 먼저 배운 문법을 활용해 직접 자신의 문장을 써 보게 하세요. 자기 생각을 영어로 쓰기 어렵다면 교과서를 활용합니다. 교과서 본문을 우리말로 해석하고, 그 해석한 것을 보고 다시 영어 문장으로 써 보는 거죠. 영어를 우리말로 바꾸고, 다시 우리말을 영어로 쓰다 보면 같은 의미를 다르게 표현한다는 것을 배우고, 문법도 쉽고 정확하게 이해할 수 있습니다. 또한 교과서 본문을 다 이해했다고 생각하지만 쓰면서 놓치는 부분이 있다는 것을 스스로 깨닫게 되거든요.

초중등 공부 능력 키우는
교과서 공부 혁명

1판 1쇄 발행 2023년 10월 25일

지은이 윤지선, 배혜림, 김수린, 김설훈, 최유란, 심훈철
발행인 조상현
마케팅 조정빈 **편집** 정지현 **디자인** 페이퍼컷 장상호

발행처 더디퍼런스
등록번호 제2018-000177호
주소 경기도 고양시 덕양구 큰골길 33-170(오금동)
문의 02-712-7927 **팩스** 02-6974-1237
이메일 thedibooks@naver.com **홈페이지** www.thedifference.co.kr

ISBN 979-11-6125-425-8 03370